Shanghai Industry Development and
RiskPreventionin the GlobalTrade

全球贸易视角下的
上海产业发展与风险防范

陈大明　马征远　主编

上海三联书店

编　委　会

前　言

新中国成立 70 年来,我国的对外贸易实现了历史性跨越,全方位、多层次、宽领域的全面开放新格局已然形成。党的十八大以来,我国稳步推进贸易强国建设,倡导维护多边贸易体制、构建开放型世界经济,推动贸易和投资自由化、便利化,共建人类命运共同体。自由贸易是经济全球化的核心,国际贸易的发展积极带动了经济全球化和国际分工的发展,提高了资源配置的效率,显著促进了产业发展。

在时代背景下,与我国经济贸易地位相匹配的国际贸易中心建设也在不断深入。上海作为我国率先设立自由贸易试验区的"桥头堡",在经济高速增长的同时,通过多边贸易与上海国际贸易中心的建设,推动了上海制造业的发展与结构转型,对于上海提升贸易结构、深入参与国际分工、推动产业升级都有着重要的促进作用。当前我国产业经济处于转变发展方式、优化产业结构、转换增长动力的关键时期。推动上海制造未来的转型升级,也应当放在新一轮全球产业分工体系、全球多边贸易体系变化创新的背景下来考虑。

为此,我们试图以国际贸易为切入点,在历史的坐标、服务全国的定位中,分析上海产业发展与贸易结构之间的关联,探究上海对外贸易格局的时空演变,在贸易、产业、技术的多类要素组合中分析上海产业的地位与作用,挖掘区域间的贸易联系和空间格局特征。同时,对比全球国际标准行业分类中的主要构成部分,依照我国国民经济行业中的制造业划分标准,重点选取了汽车制造业、计算机通信和电子设备制造业、电气机械和器材制造业、化学原料和化学制品业等对上海先进制造及国际贸易发展具有重要影响的八个领域进行系统阐述。总体来讲,本书围绕"贸易带动产业"、"创新驱动发展"的理念,从系统性、针对性和前瞻性的角度,展望未来全球贸易视角下的上海产业发展,以期为相关政府决策、企业运营提供参考。

上海产业安全监测与预警研究中心

2019 年 9 月

Preface

Since the founding of the People's Republic of China 70 years ago, China's foreign trade has achieved a historic leap, and a new pattern of comprehensive opening up in all directions, at multiple levels and in a wide range has taken shape. Since the 18th National Congress of the Communist Party of China, China has steadily promoted the construction of a strong trade country, advocated the maintenance of a multilateral trading system, built an open world economy, promoted the liberalization and facilitation of trade and investment, and jointly built a community of human destiny. Free trade is the core of economic globalization. The development of international trade has actively facilitated the development of economic globalization and international division of labor, promoted the efficiency of resource allocation, and significantly improved industrial development.

Under the current social background, the construction of an international trade center that matches China's economic and trade status is also being implemented. As the first city that launched a

Pilot Free Trade Zone, Shanghai, while enhancing its rapid economic growth, has pioneered the development and structural transformation of its manufacturing industry through multilateral trade and the construction of Shanghai International Trade Center, which has an important role in promoting Shanghai's trade structure, participating in the international division of labor, and promoting industrial upgrading. At present, China's industrial economy is facing a critical period of transforming development mode, optimizing industrial structure, and transforming growth momentum. Promoting the transformation and upgrading of Shanghai's manufacturing future should also be considered in the context of a new round of changes in global industrial division system and global multilateral trading system.

In light of this, we have tried to use international trade as an entry point, analyzed the relationship between Shanghai's industry and trade links and trade intensity, and explored the time and space evolution of Shanghai's foreign trade pattern. We have also analyzed the status and role of Shanghai industry in the combination of various factors of trade, industry and technology, and explored trade links between regions and the characteristics of spatial patterns. In the meantime, based on the concepts of "trade-driven industry" and "innovation-driven development", we have selected eight key sectors of national economic importance such as automobile manufacturing, computer communication and electronic equipment manufacturing, electrical machinery and equipment manufacturing, chemical raw materials and chemical products in order to predict the future development of Shanghai's industry under the context of global trade from a systematic, targeted and forward-looking perspective. We hope our work will provide reference for relevant government decision-making and business operations.

Shanghai Research Center for Industrial Security Monitoring and Early Warning

September, 2019

目　录

第一章　全球贸易中的上海产业结构

随着经济的全球化和中国改革开放的不断深化,上海在放眼全球、服务全国的历史定位中,正积极推进上海国际贸易中心建设。国际贸易体系的良性发展,为上海的开放合作带来了更大的发展机遇和发展空间;国际上保护主义、单边主义的持续蔓延,则为上海产业发展的外部环境带来了冲击。对外贸易结构联动了产业发展结构,产业发展结构内嵌着科技发展结构。在机遇和挑战并存的态势面前,为更好地审视上海产业的过去、现在和未来,我们从贸易、产业和知识产权三大维度,分析全球贸易视角下的上海产业结构。

一、全球贸易格局和产业格局的演变

经济全球化促进全球贸易格局的深刻变化,贸易结构的调整又带动了产业结构的调整。当前,全球的贸易格局和产业格局正发生巨大的变革。

（一）全球贸易格局的演变

1. 全球贸易在调整中前行

2008年金融危机发生前，全球货物贸易占国民生产总值（GDP）的比重、服务贸易占国民生产总值（GDP）的比重在总体上保持上升的态势。在此阶段，随着贸易的迅猛发展，各国（地区）间的贸易依存度不断提高。2008年国际金融危机爆发后，全球经济步入深度调整和转型发展期，经济恢复缓慢、增长脆弱，周期性和结构性矛盾交织，总体上进入了深度调整期，新旧动力转换难以无缝接续，国际贸易面临的不确定性因素增多。

图1　全球货物贸易和服务贸易额占国民生产总值（GDP）的比重

注：货物贸易占国民生产总值（GDP）的比重是商品出口和进口的总和除以GDP的价值，以现价美元计算；服务贸易占国民生产总值（GDP）的比重是服务贸易额是指服务进出口额除以国民生产总值（GDP）的结果，以现价美元计算

数据来源：货物贸易占国民生产总值（GDP）的比重计算，数据源自世界贸易组织、世界银行的国民生产总值（GDP）估计值；服务贸易占国民生产总值（GDP）的比重计算的数据源自国际货币基金组织的《国际收支统计年鉴》和数据文件，以及世界银行和经济合作与发展组织（OECD）的GDP估算

在货物贸易和服务贸易的构成上，1980年全球的服务贸易的比重约为17%，近年来服务贸易的比重在24%—25%间波动。

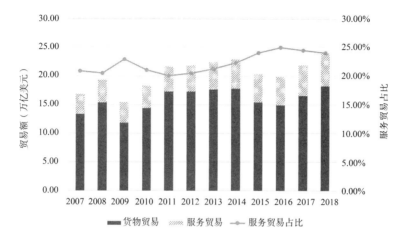

图 2　2007—2018 年全球货物贸易和服务贸易额及其占比

数据来源:世界贸易组织(WTO).《2019 世界贸易报告》(World Trade Statistical Review 2019)

　　在全球的货物贸易的构成上,制成品出口贸易额占货物贸易总额的比重在 70% 上下波动,燃料和矿产品出口贸易额占货物贸易总额占比波动较大。

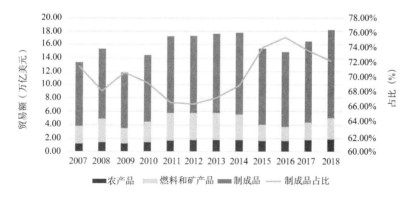

图 3　2007—2018 年全球货物出口贸易的构成

数据来源:世界贸易组织(WTO).《2019 世界贸易报告》(World Trade Statistical Review 2019)

　　在全球的运输贸易构成上,旅游服务出口贸易额占总服务贸易总额的比重总体上在 24%—25% 间波动,货物相关服务出口贸易额占总服务贸易总额的比重总体上在3％—4％间波动,运输服务出口贸易额占总服务贸易总额的占比总体上呈现下降趋势。

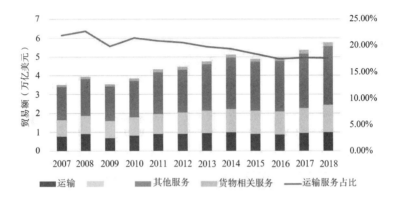

图4　2007—2018年全球服务出口贸易的构成

数据来源:世界贸易组织(WTO).《2019世界贸易报告》(World Trade Statistical Review 2019)

2. 中国成全球最大货物贸易国

世界贸易组织(WTO)发布的《世界贸易报告》显示,全球货物贸易总额已从2000年的13.18万亿美元增长至2018年的39.34万亿美元,中国的货物贸易总额则从2000年的0.47万亿美元增长至2018年的4.62万亿美元(占比从3.60％增长至11.75％)。

目前,我国已成为全球货物贸易第一大出口国和第二大进口国,在货物进出口总量上连续多年位列全球货物贸易第一大国。从货物进出口来看,2018年世界商品出口总额为19.48万亿美元,世界商品进口总额约为19.87万亿美元(由于统计误差,以及统计时部分货物在公海等因素,导致进口和出口数据并不相等)。其中,中国在2018年进口商品总额约为2.14万亿美元,出口商品总额达到2.49万亿美元,分别占全球的10.75％和12.77％。

2018年中国的服务贸易平均增速高于全球,2018年服务贸易

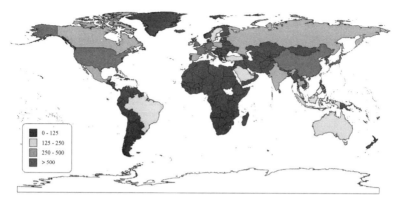

图 5　2007—2018 年全球各经济体的货物贸易额分布

数据来源:世界贸易组织(WTO).《2019 世界贸易报告》(World Trade Statistical Review 2019)

单位:十亿美元

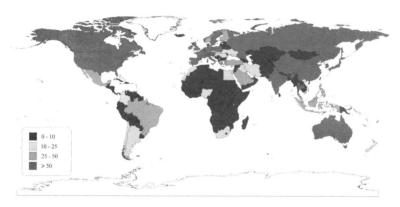

图 6　2007—2018 年全球各经济体的服务贸易额分布

数据来源:世界贸易组织(WTO).《2019 世界贸易报告》(World Trade Statistical Review 2019)

单位:十亿美元

进出口额达到了 5.24 万亿元,同比增长了 11.5%,已经连续 5 年位居世界第二。

3. 服务贸易成国际经贸的重要领域

当前,随着经济全球化深入推进,服务贸易日益成为国际贸易的重要组成部分和各国经贸合作的重要领域。2018 年,我国服务进出口总额占对外贸易总额的比重达到 14.6%,较 1982 年提升了4.5％,越来越接近世界20％左右的平均水平。2017年、2018年我国服务出口额分别比上年增长8.9％和16.9％,高于服务进口额当年增速5.5％和4.7％。

表1　全球服务贸易发展指数

	发展指数	规模指数	结构指数	地位指数	产业基础指数	综合环境指数
美　国	69.55	7.86	7.46	19.58	25.79	8.86
爱尔兰	63.30	9.76	13.32	15.58	15.80	8.85
中国澳门	58.46	6.60	10.46	10.87	21.30	9.23
新加坡	53.98	7.41	8.26	12.79	16.03	9.49
英　国	51.53	4.05	8.90	11.91	17.64	9.03
荷　兰	50.10	4.83	8.40	11.28	17.12	8.48
德　国	47.47	4.35	6.82	11.90	15.92	8.48
法　国	47.01	3.54	7.94	10.40	17.50	7.62
香　港	45.16	3.34	5.03	8.48	18.97	9.34
比利时	43.71	3.26	7.26	8.66	17.15	7.38
丹　麦	43.38	2.79	7.28	7.05	17.44	8.82
瑞　典	42.88	2.14	8.21	6.64	17.04	8.85
日　本	41.25	2.43	7.15	8.31	15.60	7.76
新西兰	40.68	0.74	6.16	4.84	19.24	9.71
西班牙	40.29	1.69	6.50	7.97	15.78	8.35
奥地利	39.53	1.99	6.75	6.85	15.52	8.41
芬　兰	38.51	1.36	7.93	5.35	15.73	8.14
意大利	37.61	1.66	6.27	6.75	15.72	7.22
澳大利亚	37.45	1.26	5.48	5.54	16.72	8.44
中　国	36.18	4.10	4.90	11.52	9.84	5.81
希　腊	34.88	0.63	6.16	6.82	14.03	7.25
葡萄牙	34.81	0.75	6.15	6.65	13.29	7.98
毛里求斯	34.40	0.41	7.71	6.15	11.76	8.36
韩　国	34.23	1.59	5.69	6.29	11.98	8.68
哥斯达黎加	33.18	0.32	7.84	6.38	11.97	6.68
波　兰	32.33	0.81	5.98	6.63	10.23	8.69
立陶宛	32.27	0.58	4.99	6.46	11.36	8.88
匈牙利	32.13	0.68	6.09	6.59	11.01	7.76
巴拿马	30.61	0.51	6.60	7.27	11.10	5.13
格鲁吉亚	30.55	0.17	5.83	7.10	8.27	9.18

数据来源:商务部研究院《全球服务贸易发展指数报告2018》

我国近年来的服务贸易发展中,高附加值、高技术含量的知识密集型服务进出口快速发展,2019 年上半年该类服务进出口额达 8923.9 亿元,增长 9.4%,占服务进出口总额的比重达到 34.2%,同比提升 2.2%。其中,知识密集型服务出口 4674.1 亿元,增长 12.1%;进口 4249.8 亿元,增长 6.5%。2019 年上半年,我国知识密集型服务进出口中增长较快的领域主要有:知识产权使用费出口增长 33%;电信、计算机和信息服务出口增长 15.7%,进口增长 19.6%;其他商业服务(含技术、专业和管理咨询服务、研发成果转让费及委托研发等)出口增长 10.4%;金融服务出口增长 13.9%,进口增长 43.9%。

4. 双边和多边贸易规则受冲击

近年来,美国等个别世界贸易组织成员采取提高关税、设置贸易壁垒、采用反倾销反补贴等贸易保护主义和单边主义措施,造成商品或服务价格信号失真,国际分工和专业化水平的提升受到限制,导致技术创新动力不足,产品和服务质量改善缓慢,限制了世界市场的一体化进程,迟滞了全球产业调整和全球资源有效配置,背离了世界贸易组织规则的立场,严重冲击了多边主义、多边贸易体制和规则,阻碍了世界经济整体效率提升,使得国际贸易自由化水平严重倒退。

与之相比,中国始终是多边主义的积极推动者,坚定支持多边贸易体制,推动全球化和自由贸易的进程,推动经济全球化朝着更加开放、包容、普惠、平衡、共赢的方向发展,为世界经济发展增添了动力。

(二) 全球产业格局的演变

1. 贸易发展带动产业发展

对比 1990 年以来的全球制造出口、制造增加值的发展趋势可以发现,两者的整体变化趋势一致,其中贸易增长的速度整体上高于产业增长的速度。

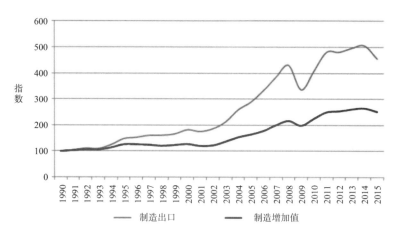

图 7　全球制造出口与制造增加值的变化趋势总体一致

数据来源：联合国工业发展组织(UNIDO).《2018工业竞争力绩效(CIP)》

指数：以1990年的同期数额为100

2. 中国成为全球最大的工业国

改革开放尤其是加入世界贸易组织(WTO)以来,中国积极融入全球产业链和价值链,成为全球产业体系中不可或缺的重要环节。世界银行数据显示,按现价美元测算,2010年我国制造业增加值首次超过美国,成为全球制造业第一大国。当前,我国工业增加值突破30万亿元,主要工业产品产量进入世界前列,200多种工业产品产量世界第一,已成为世界上唯一拥有联合国产业分类目录中所有工业门类的国家。

本世纪以来,随着国际产业分工不断深化,价值链区域化的特征进一步增强。当前,全球产业增长的重心将从欧美转移到亚洲,并外溢到其他经济体。总体上看,东亚和东南亚地区的各经济体的制造业增加值占国民生产总值(GDP)的比重,高于全球其他地区。在整体体量上,东亚地区的制造业规模领先全球。新兴经济体的发展,为我国的对外贸易市场多元化战略提供了较为广阔的发展空间。

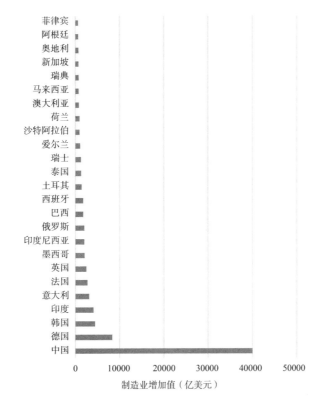

图 8　2018 年部分国家的制造业增加值

数据来源:世界银行. TheGlobalEconomy.com

图 9　各经济体的制造业增加值占国民生产总值的比重

数据来源:世界银行. 经济合作与发展组织(OECD).

图片来源:IndexMundi

3. 知识密集型服务业驱动发展

在全球服务业发展中,知识密集型服务业是产业发展价值链中的最高端、最重要的部分,受到国际组织和发达国家普遍重视。经济合作与发展组织(OECD)于1996年指出,知识已成为推动发达国家生产率进步和经济增长的重要源泉,知识经济是发达国家经济的重要特征。美国、英国、法国、德国和日本等国家普遍重视知识密集型服务业的发展,其中美国的知识密集型服务业占服务业总量的近一半。当前,知识密集型服务业是一个国家(地区)的产业竞争力的重要体现。

在我国,一方面近年来制造业转型升级对知识密集型服务业的需求日益增大,另一方面新一代信息技术不断突破和广泛应用推动了知识密集型服务业的发展。当前,全球科技创新进入密集活跃期,前沿技术呈现多点突破态势,科技创新呈现多元深度融合特征,改造着全球传统生产模式和服务业态。数字技术与生物技术的融合发展,加速了物理世界、数字世界、生物世界的会聚技术创新:层出不穷的颠覆性创新使产业边界日渐模糊,以半导体合成生物学为代表的跨界融合、以商业实验室为纽带的政产学研协同联合、以"人-机-物"三元融合为代表包容聚合的态势更加明显。关键核心技术的研发,正在驱动技术密集型、知识密集型、服务密集型的服务模式创新,催生了体验型、互动式、共享类、数字化、个性化、智能化的服务消费大发展。

4. 美国加紧技术出口管制

在贸易保护主义和单边主义的主导下,近年来美国等少数国家进一步加紧了技术出口管理。当前,美国出口管制和经济制裁的执行机构主要包括财政部海外资产控制办公室(OFAC)、商务部工业和安全局(BIS)和国务院国防交易控制办公室(DDTC),出口管制和经济制裁的法律依据包括《出口管理法》(EAA)、《武器出口管制法》(AECA)、《国际紧急经济权力法案》(IEEPA)等。美国的出口管理主要分为民用技术与军用技术两大体系。在出口管制和经济制裁的所涉法律依据中,民用技术的出口管制中最主要的依据是《出口管理法》(EAA)与《出口管理条例》(EAR),军用技术的出口管制中最主要的依据《武器出口管制法》(AECA)和《国际武器贸易条例》(ITAR)。

《出口管理法》和《出口管理条例》是针对民用技术出口管制的主要法律法规。《出口管理条例》根据《出口管理法》制定而成,进一步明确了出口管理的原则、商品管制清单、国家管制清单等内容。美国商务部产业安全局(BIS)负责此类项目的监管。按照《出口管理条例》的规定,除了公开发行的技术与软件、人文与非科技的出版物、以及部分受其他机构管辖的商品(如军品、核原料等),所有美国境内的货物、美国境外由美国生产的货物、利用美国原材料、技术等生产的他国货物,均在《出口管理条例》监管的范围内。

纯军用品管制清单内容比较单一,而军民两用品清单则主要包括 10 大类。按照《出口管理条例》的规定,对于所有受到监管的商品,出口商在出口前需要观察其是否包含在《商业管制清单》中。如果《出口管理条例》监管的商品不在出口管制的产品清单中,那么只要出口对象不在美国商务部产业安全局(BIS)制定的警示名单下(包括实体清单、拒绝人员名单、未识别名单等)受到一般的出口禁止,那么便无需申请许可证即可直接出口。按照商品类别,各类货物被分为 0—9 类:核材料、设备及其他;材料、化学制品、微生物、毒素;材料加工;电子产品;计算机;通讯与信息安全;激光器与传感器;导航与航天设备;海洋探测设备与技术;航空推进系统(具体如表 2 所示);按照商品用途,各类货物又被分为 5 类:A -设备、组件、零件;B -检测设备;C -材料;D -软件;E -技术。包含在《商业管制清单》中的商品，都有一个出口管制编码（ECCN），以显示产品的类别和用途分类，并在《商业管制清单》中附有针对其管制原因的详细说明。这些原因包括：生化武器、核不扩散、国家安全、导弹技术、地区稳定、武器条约、犯罪控制、反恐。

根据包含在《商业管制清单》中的商品所对应的管制编码（ECCN）的梳理，当前美国对相关产品的管制条目多达 576 条（依照 2018 年 8 月 30 日更新版），其中对于材料、化学制品、微生物和毒素，航空推进系统，以及材料加工领域的管制最为集中，在所有管制项目中的占比分别达到 23%、14% 及 9%。其中就占比最大的材料、化学制品、微生物和毒素领域来看，44.2% 的管制条目围绕在金属合金材料、磁性金属、超导复合体、金属化合物、反射物质、以及毒素、疫苗等在内的材料产品。就航空推进系统领域来看，各有 39.8% 及 24.5% 的管制条目限于火箭推进系统、发动机、飞行器等航空航天相关的系统、设备、零件产品及其测试、检验、生产设备。就材料加工领域情况来看，相关管制规定主要集中在数控或手动机床，基材表面沉积设备，尺寸测量系统，机器人工、控制器及末端执行器，运动模拟器等材料加工相关的生产检测设备。

表 2 《商业管制清单》中所涉及管制条目的产品统计

	系统、设备及零件	测试、检验及生产设备	材料	软件	技术	合计
核材料、设备及其他	21	6	2	7	10	46
材料、化学制品、微生物和毒素	20	25	58	12	16	131
材料加工	10	43		15	13	81
电子设备设计和生产	21	5	7	10	9	52
计算机	8			4	4	16
电信与"信息安全"	9	3	1	6	6	25

（续表）

	系统、设备及零件	测试、检验及生产设备	材料	软件	技术	合计
传感器和激光器	27	6	5	10	11	59
导航与航空电子设备	19	8		10	9	46
船舶	6	3	2	6	5	22
航空推进系统	39	24	3	17	15	98
总量	180	123	78	97	98	576

注：本表格中所涉及管制条目的产品数量依照《商业管制清单》中的商品所对应的管制编码量进行统计，具体数据依照 2018 年 8 月 30 日美国更新的《商业管制清单》进行梳理

表 3 美国《商业管制清单》涉及技术领域汇总

技术领域	系统、设备及零件	相关测试、检验及生产设备	相关材料、软件及技术
0 - 核材料、设备及其他	空间、海洋或移动核反应堆的发电或推进设备，瓦塞纳尔军火清单上的物品、与军事爆炸装置和收费有关的商品、法律管制武器及警用设备	用于军事训练的"装备"和专门设计的部件、防辐射手套箱等相关武器生产设备	用于瓦塞纳尔军火清单上的商品、生产或使用法律管制器具，配有图像增强器和焦平面阵列的枪支光学瞄准器以及刺刀的技术、其他相关产品开发技术
1 - 材料、化学制品、"微生物"和毒素	用于保护或检测空间、海洋、与军事爆炸装置和收费有关的、瓦塞纳尔军火清单上的或用于特殊技术加工的金属材料及其合金、聚合物材料、超导材料、流体和润滑材料、非氟化聚合材料、石墨材料等；以及可作为有毒化学试剂前体的、《化学武器公约》涉及的、由海军石油储备（NPR）生产或衍生，或由于交	《化学武器公约》涉及的、由海军石油储备（NPR）生产或衍生，或由于交换任何生产或衍生商品而可用于出口的化学品、植物病原菌、疫苗、医疗产品以及含能材料的相关测试、检验及生产设备	为制造上述仪器设备所专门设计及修改的软件；《化学武器公约》涉及的有关生产有毒化学品的"技术"

技术领域	系统、设备及零件	相关测试、检验及生产设备	相关材料、软件及技术
1-材料、化学制品、"微生物"和毒素	换任何生产或衍生商品而可用于出口的化学品、植物病原菌、疫苗、医疗产品以及含能材料的相关系统，设备及零件		
2-材料加工	抗摩擦轴承和轴承系统、径向滚珠轴承、耐受钢系元素的坩埚、特殊性质的阀门、核电站用发电机、核材料处理设备及其他加工部件、爆炸物或雷管探测设备及其组件、隐蔽物体探测设备及其组件、合金钢制管道和阀门、电磁力移动熔融金属的泵、便携式发电机、波纹管密封阀门加工设备	数控光学精加工机床、数控或手动机床、等静压机及其附件、基材表面沉积/涂覆及改性设备、尺寸检查或测量系统、机器人、控制器及末端执行器、用于机床工具的尺寸检查或测量系统及元件、旋压成型机和流动成型机、瓦森纳协定中用于检查、制造，测试和检查武器的相关设备、化学气相沉积(CVD)炉、流动成型机、火箭/导弹或无人驾驶飞行器用振动试验系统及设备、飞行器机头的致密化和热解设备及其控制器、平衡机及相关设备、运动模拟器或速率表、定位台、高功率离心机、放射化学分离操作或热室用远程操纵器、气氛感应炉及其电源、转子制造和组装设备、离心式多平面平衡机、压力传感器、高速枪系统、真空泵、波纹管密封涡旋式压缩机、生物材料处理设备、机床数控装置、特殊加工设备	为制造上述仪器设备所专门设计及修改的软件；开发上述仪器所涉及的关键技术点

（续表）

技术领域	系统、设备及零件	相关测试、检验及生产设备	相关材料、软件及技术
3-电子设备设计和生产	通用集成电路、电子组件、电子设备、喷雾冷却热管理系统、变频器、发电机、大功率直流电源、高压直流电源、开关设备、点火装置，大电流脉冲发生器，高速脉冲发生器及其脉冲头，中子发生器系统，雷管和多点起爆系统，质谱仪，声纹识别和分析设备，测谎仪，特定加工设备等。	外延生长设备，离子注入设备，多室中央晶片自动装卸系统，光刻设备，掩膜设备，用于测试完成的或未完成的半导体器件的测试设备，军用电子产品的检验、检验和生产商品设备。	控制由 3A 至 3A 或 3B（3B991 和 3B992 除外）所述设备的软件，基于物理的模拟软件，用于军用电子产品的软件；开发 3A 或 3B 所述设备的技术，开发 3C 所述材料的技术，用于开发或生产微处理器微电路、微型计算机微电路和微控制器微电路核心的技术，开发 3D 所述控制软件的技术。
4-计算机	电子计算机和有关设备，模拟计算机，数字计算机，脉动阵列计算机，神经计算机，光学计算机，用于导弹或其子系统的建模、仿真或设计集成的混合计算机，军事应用计算机及其组件，指纹识别设备的计算机。		指纹识别设备控制软件，实时处理软件，模拟计算机和数字计算机控制软件；指纹设备开发技术，控制软件开发技术，多数据流设备开发技术。
5.1-电子信息	电信设备或系统，以及激光、测试及生产设备及软件而特别设计的设备及其零件等	电信测试、检验和生产设备的零件或配件	玻璃预制件或任何其他材料；控制设备或特别设计以及用于开发的软件；用于激光通信及其他电信设备等特别设计或开发的技术

（续表）

技术领域	系统、设备及零件	相关测试、检验及生产设备	相关材料、软件及技术
5.2-信息安全	加密及非加密的信息安全系统，以及信息安全的修改、弱化、屏蔽系统及其零件	信息安全的测试、检查和生产设备	特别设计或修改为特定开发使用的软件、大众市场加密软件等；用于开发、生产或使用信息安全的技术
6-传感器和激光器	声学系统、设备；光学传感器和设备；摄像机；激光器；磁强计；重力计；雷达系统；辐射硬化探测器；天线罩；跟踪系统；光电倍增管；高速摄像机；激光放大器和振荡器；速度干涉仪；读出集成电路；海洋或地面声学设备；用于非平面光学表面图形（轮廓）的非接触式光学测量	用于生产、校准和校准陆基重力仪；脉冲雷达截面测量系统；用于制造或检验自由电子"激光"磁铁摇摆器或自由电子"激光"照片注射器	处理飞行后的记录数据；"软件"或加密密钥/代码"专门设计"以增强或释放不受ECCN 6A203控制的设备的性能特征；光学制造技术；光学滤波器的"技术"；用于红外上转换装置；技术用于上述A类产品
7-导航与航空电子设备	加速度计、陀螺仪或角速率传感器、惯性测量设备或系统、星跟踪器、全球导航卫星系统、空中高度计、水下声纳导航系统、陀螺仪、军事火控、激光，成像和制导设备等设备及其零件	由导航与航空电子设备特别设计的测试，校准或校准设备	由导航与航空电子设备特别设计的用于开发及生产的控制设备的软件，涉及计算机辅助设计软件、控制系统的源代码、全球导航卫星系统测距信号的政府解密软件、导航，机载通信等软件；设备的密钥管理技术、电动执行器控制技术、水下航行声纳或重力数据库技术、飞行控制部件状态感测技术、屏蔽系统技术等

（续表）

技术领域	系统、设备及零件	相关测试、检验及生产设备	相关材料、软件及技术
8-船舶	潜水器和水上船舶、海洋系统及设备、关于瓦塞纳尔排列弹药清单的项目、战争及相关商品的水上舰艇、潜水船等设备及零件	水下声场测量推进系统等检测、检验生产设备	专为水下使用而设计的复合泡沫塑料等；降低水下噪音的特殊软件，以及水下设备的软件的开发与设计；一些水下及其测试检验与生产设备的控制技术以及安装，维护，修理，大修或翻新等技术
9-空间飞行器推进系统和相关设备	航空燃气涡轮发动机及其组件、船用燃气轮机发动机、航天发射车和航天器、航天器有效载荷/在轨系统、液体、固体及混合火箭推进系统及其部件、冲压发动机、超燃冲压发动机或联合循环发动机、喷气发动机及其部件、非军事"无人机"（"UAV"）/无人"飞艇"及其部件/材料、液体推进剂贮箱、300公里及以上"射程"的火箭、导弹和无人驾驶航空器的运输、装卸、控制、启动和发射设备、导弹的再入飞行器、分级机制、分离机制和级间、特定参数的飞行器、与运载火箭、导弹和火箭有关的商品、低温和超导设备、非军用的移动犯罪科学实验室、零件和	燃气涡轮发动机叶片、联机（实时）控制系统、自动数据采集和处理设备、声振动测试设备、无损检测设备、摩擦传感器、空气热力学试验设备、空气动力学试验设施、特定参数的试验台、以及其他用于火箭、导弹或无人飞行器的测试设备	飞行器用层压板及其金属涂层纤维预制件、其他相关设备制造而专门设计的材料

（续表）

技术领域	系统、设备及零件	相关测试、检验及生产设备	相关材料、软件及技术
9-空间飞行器推进系统和相关设备	"附件"、特定参数的"飞机"和燃气涡轮发动机、特定参数的柴油发动机、完整的天篷、安全带和平台及其电子释放机构(正常运动用除外)		

二、上海的国际贸易发展和产业发展

近年来，上海在打造全面、深入、多元化的开放新格局过程中，不断完善国际、国内两个市场资源配置功能，贸易结构的调整促进了产业结构的调整。

（一）货物贸易保持高水平

近年来，上海对外贸易始终维持较高水平。从 2019 年全年水平来看，货物贸易进出口总额 34046.82 亿元，约占全国的 10.79％。2019 年上海对外贸易占国民生产总值（GDP）的比重达 89.23％，远高于全国平均水平（2019 年全国平均水平 31.83％，北京 81.04％、江苏 43.54％、浙江 49.45％、广州 66.34％）。其中，外资企业合计进出口规模为 21837.92 亿元，占比为 64.1％。

2019 年，上海进口来源地中的前五大经济体分别是日本、美国、德国、中国台湾和韩国。在中美贸易摩擦背景影响下，2019 年上海的自美进口总额达 253.53 亿美元，相比 2018 年下降 10.05％。

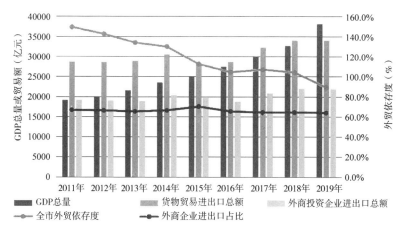

图 10　上海国民经济及对外货物贸易走势

2019 年,上海出口目的地中的前五大经济体分别美国、中国香港、日本、中国台湾和荷兰。在中美贸易摩擦背景影响下,2019 年上海对美出口总额达 403.45 亿美元,相比 2018 年下降 13.30%。

2019 年中美贸易摩擦发生以来,国家和上海采取了一系列稳外贸的措施,上海的对美贸易尽管略有波动,但是总体上仍处于可控状态。

2019 年上海对美出口的商品中,机器、机械器具及其零件(《商品名称及编码协调制度的国际公约》编码第 84 章)的对美出

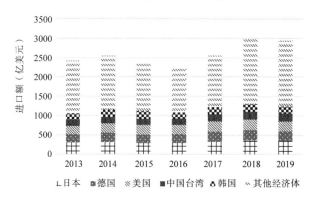

图 11　2013—2019 年上海的货物进口来源地

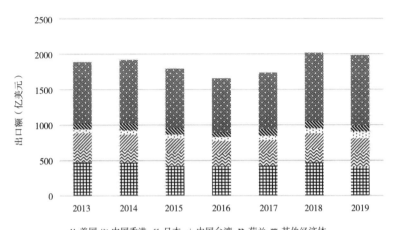

图 12　2013—2019 年上海的货物出口目的地

口金额达 138.34 亿美元,占上海对美出口总额的 34.29%。电机、电气设备及其零件(《商品名称及编码协调制度的国际公约》编码第 85 章)的出口金额达 107.77 亿美元,占上海对美出口总额的 26.71%。按海关编码类别计算,其他类别的产品在对上海对美出口总额中的占比均不足 5%。

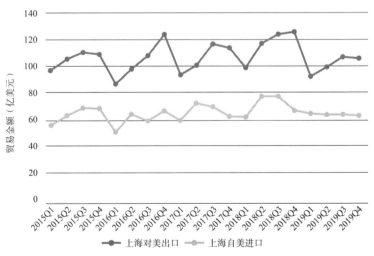

图 13　2015 年至 2019 年上海的对美贸易金额变化

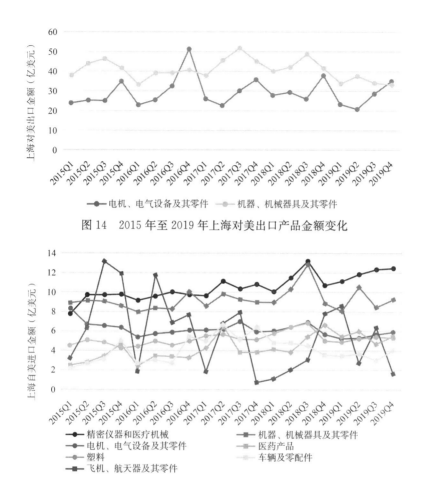

图 14　2015 年至 2019 年上海对美出口产品金额变化

图 15　2015 年至 2019 年上海自美进口产品金额变化

　　2019 年上海自美进口的商品中,最大类别的产品为精密仪器和医疗器械(《商品名称及编码协调制度的国际公约》编码第 90 章),自美出口金额为 47.64 亿美元,占上海自美进口总额的 18.79%。机器、机械器具及其零件的自美出口金额为 36.19 亿美元,占上海自美进口总额的 14.27%。电机、电气设备及其零件的自美出口金额为 21.99 亿美元,占上海自美进口总额的 8.67%。按海关编码类别计算,其他进口占上海自美进口总额中的超过

5％的产品有药品（21.46 亿美元，占 8.46％）、塑料（20.78 亿美元，占 8.20％）、飞机、航天器及其零件（19.09 亿美元，占比 7.53％）车辆及零配件（13.99 亿美元，占 5.52％）。

（二）服务贸易不断发展

2019 年，上海市共实现服务贸易总额 12832.76 亿元，规模居全国第一，占全市对外贸易的比重提高至 37.69％，远高出全国平均水平。近年来，上海的服务贸易呈现出结构不断优化、主体不断壮大、模式不断创新的发展特点。

表 4　各省市服务贸易发展指数

	规模指数	服务贸易总额得分	人均服务贸易额得分
北　京	13.49	6.57	6.92
上　海	13.47	6.92	6.55
广　东	6.77	5.63	1.14
江　苏	2.56	2.02	0.54
天　津	2.05	0.83	1.22
浙　江	1.93	1.39	0.54
山　东	1.64	1.36	0.28
福　建	1.52	0.97	0.55
辽　宁	1.14	0.77	0.37
四　川	0.79	0.65	0.15
湖　北	0.71	0.53	0.18
重　庆	0.61	0.36	0.25
陕　西	0.48	0.31	0.16
河　北	0.40	0.33	0.07
河　南	0.39	0.34	0.05
安　徽	0.37	0.29	0.08
吉　林	0.35	0.20	0.15

（续表）

	规模指数	服务贸易总额得分	人均服务贸易额得分
海　南	0.34	0.09	0.25
湖　南	0.27	0.23	0.04
黑龙江	0.25	0.17	0.08
山　西	0.25	0.17	0.08
云　南	0.22	0.17	0.05
内蒙古	0.21	0.12	0.09
新　疆	0.20	0.11	0.09
江　西	0.20	0.15	0.05
广　西	0.19	0.15	0.04
甘　肃	0.06	0.04	0.02
宁　夏	0.04	0.00	0.04
贵　州	0.04	0.04	0.00

数据来源：商务部研究院《全球服务贸易发展指数报告 2018》

（三）贸易发展促产业发展

上海的贸易结构与产业结构的关联明显。2017 年上海市装备制造业总产值 1.34 万亿元，占全国的 5.5% 和全市的 39.5%。从 2018 年上海规模以上工业企业主营业务收入全国占比来看，上海的金属制品/机械和设备修理业、汽车制造业、通用设备制造业的占全国比重分别达 17.04%、10.36% 和 8.36%，而铁路/船舶/航空航天和其他运输设备制造业、计算机/通信和其他电子设备制造业、仪器仪表制造业的全国占比也达 5% 以上。从全国和全球中的各制造业占比看，上海的汽车制造业（占制造业的 21.43%）、通用设备制造/专用设备制造（占制造业的 11.56%），明显高于全国的对应比例（分别为 7.87% 和 6.54%）、全球的对应比例（分别为 8.1% 和 8.2%）。

表5   2018年上海规模以上工业企业主营业务收入全国占比

	上海(亿元)	全国(亿元)	占比
石油和天然气开采业	6.65	8436.6	0.08%
农副食品加工业	382.14	47263.1	0.81%
食品制造业	733.34	18348.2	4.00%
酒、饮料和精制茶制造业	145.11	15291.9	0.95%
烟草制品业	931.73	9291.2	10.03%
纺织业	204.61	27242.3	0.75%
纺织服装、服饰业	363.44	17106.6	2.12%
皮革、毛皮、羽毛及其制品和制鞋业	177.22	12092.5	1.47%
木材加工和木、竹、藤、棕、草制品业	53.56	9165.4	0.58%
家具制造业	337.36	7011.9	4.81%
造纸和纸制品业	293.57	13727.9	2.14%
印刷和记录媒介复制业	200.67	6386.7	3.14%
文教、工美、体育和娱乐用品制造业	575.6	13315.9	4.32%
石油加工、炼焦和核燃料加工业	1378.78	46296.9	2.98%
化学原料和化学制品制造业	3360.83	70147.5	4.79%
医药制造业	846.58	23986.3	3.53%
化学纤维制造业	24.89	7989.6	0.31%
橡胶和塑料制品业	954.64	24427.1	3.91%
非金属矿物制品业	679.76	48445.8	1.40%
黑色金属冶炼和压延工业	1731.79	64006.5	2.71%
有色金属冶炼和压延工业	392.41	49996.6	0.78%
金属制品业	1081.97	33681.5	3.21%
通用设备制造业	3151.51	37688.9	8.36%
专用设备制造业	1343.35	29126.8	4.61%
汽车制造业	8334.23	80484.6	10.36%
铁路、船舶、航空航天和其他运输设备制造业	683.98	11661.2	5.87%
电气机械和器材制造业	2394.83	62675.5	3.82%
计算机、通信和其他电子设备制造业	5675.34	105966.2	5.36%
仪器仪表制造业	432.86	8091.6	5.35%

（续表）

	上海（亿元）	全国（亿元）	占比
其他制造业	52.6	1665.1	3.16％
废弃资源综合利用业	38.94	4047.4	0.96％
金属制品、机械和设备修理业	185.34	1087.6	17.04％
电力、热力生产和供应业	1234.98	61568.8	2.01％
燃气生产和供应业	401.97	7271.2	5.53％
规模以上工业合计	38886.4	1022241.1	3.80％

表6　上海制造业结构与全国、全球的对比

	全球各行业的制造占比（2015年）（％）①			上海各行业的制造占比（2018年）（％）	全国各行业的制造占比（2018年）（％）
	全球	发展中经济体	发达经济体		
食品；酒、饮料和精制茶	13.9	15.6	12.8	2.26	3.29
烟草制品	1.3	2.1	0.6	2.40	0.91
纺织业	2.4	4.1	1.1	0.53	2.66
纺织服装、服饰业	1.6	3	0.7	0.93	1.67
皮革、毛皮、羽毛及其制品和制鞋业	0.7	1.1	0.4	0.46	1.18
木材加工和木、竹、藤、棕、草制品业	1.5	1.3	1.6	0.14	0.90
造纸和纸制品业	2.7	2.6	2.8	0.75	1.34
印刷和记录媒介复制业	1.6	1	2	0.52	0.62
石油加工、炼焦和核燃料加工业	4	4.9	3.4	3.55	4.53
化学原料和化学制品制造业	12.6	12.1	13	8.64	6.86

① 数据来源：联合国产业发展组织.产业发展报告2018（UNIDO. Industrial Development Report 2018）

（续表）

	全球各行业的制造占比（2015 年）（%）			上海各行业的制造占比（2018 年）（%）	全国各行业的制造占比（2018 年）（%）
	全球	发展中经济体	发达经济体		
橡胶和塑料制品业	4.3	3.6	4.7	2.45	2.39
非金属矿物制品业	4.2	5.5	3.3	1.75	4.74
金属冶炼和压延加工业	7.1	10.7	4.6	5.46	11.15
金属制品业	6.7	4.8	8	2.78	3.29
通用设备制造；专用设备制造	8.2	5.8	9.8	11.56	6.54
计算机、通信和其他电子设备制造	8.5	6.7	9.8	14.59	10.37
电气机械和器材制造	4.1	4.1	4	6.16	6.13
机动车、挂车和半挂车[①]	8.1	6.8	9.1	21.43	7.87
其他运输设备	3.2	1.9	4.1	1.76	1.14
家具制造	3.3	2.3	4.1	0.87	0.69

① 上海和我国的对应统计为汽车制造业的占比数据。

第二章 全球贸易视角下的上海汽车产业

一、全球汽车行业^①进入变革期

当前,全球汽车市场进入了下滑区间。德国汽车工业联合会发布的报告显示,中国、美国、欧洲、日本、印度和俄罗斯这六大经济体的汽车核心市场销量呈现明显的下滑态势。行业杂志《美国汽车新闻》(Automotive News)发布的数据显示,2019 年上半年美国轻型车的销量为 841.8 万辆,同比下降 2.4%。欧洲汽车工业协会(ACEA)的数据显示,2019 年上半年欧盟 27 国和挪威、瑞士、冰岛的汽车总销量 842.6 万辆,同比下降 3.1%。

当前,世界汽车产业相关贸易额约占全球商品贸易总额的十分之一,在全球进出口贸易中有着重要地位。在全球汽车市场的不景气态势下,汽车贸易呈现出快速下滑态势。世界贸易组织 2019 年发布的全球货物贸易晴雨表显示,2019 年上半年全球汽车

---

① 按照我国国民经济行业分类中第 36 大类-汽车制造业进行划分,对应国际标准行业分类 ISIC 体系中 29 大类-汽车、挂车和半挂车的制造中的相关行业。

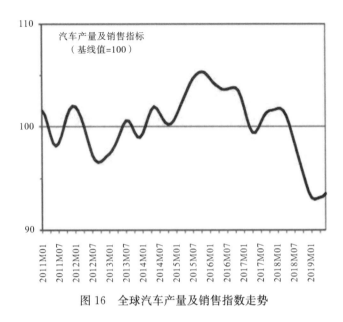

图16　全球汽车产量及销售指数走势

贸易疲弱,2019年第三季度全球汽车生产和销售指数为93.5,低于基线值100,整个行业贸易量增长仍处于疲弱态势。

(一) 整车占据全球汽车贸易①的主导

分析近十年来的全球汽车贸易结构可以发现,整车贸易在全球的汽车贸易中占据主导。在2018年的全球汽车进口贸易统计中,全球汽车产品贸易额为15.5千亿美元,占全球制成品贸易额比重的12.5%,占全球货物贸易额的7.9%。其中整车产品贸易总额10.1千亿美元,占汽车领域贸易总额的65.4%,关键件、零部件贸易规模达4.2千亿美元,占比27.1%。

---

① 依据海关HS编码体系二位代码进行统计,具体涉及第87章的相关汽车产品。

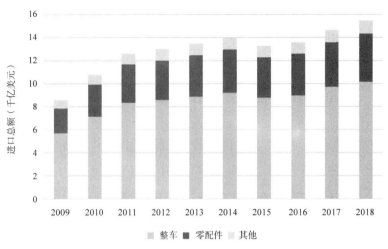

图 17　全球汽车进口贸易的产品结构

（二）美国是全球汽车进口最大市场

2015 年以来，全球 60％以上的汽车进口贸易主要集中在欧洲、北美及东亚国家。根据 2018 年全球汽车进口排名前十位的国家中，共有六个国家来自欧洲（德国、英国、法国、比利时、意大利、

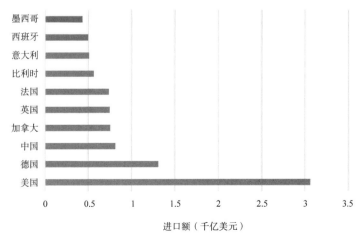

图 18　全球汽车主要进口国家（2018 年）

西班牙),三个国家来自北美(美国、墨西哥、加拿大),一个国家来自亚洲(中国),进口合计占全球总额的 61.20%。

(三) 德国是全球汽车出口最大市场

2018 年全球汽车出口排名前十位的国家中,共有四个国家来自欧洲(德国、西班牙、法国、英国),三个国家来自北美(美国、墨西哥、加拿大),三个国家来自亚洲(日本、中国、韩国),出口合计占全球总额的 67.52%。全球汽车资讯平台 LMC Automotive 统计表明,当前全球汽车年产量超过 200 万辆以上的国家中,有六成以上集中于欧洲以及亚洲地区。

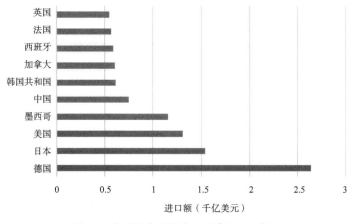

图 19　全球汽车主要出口国家(2018 年)

二、中国汽车产业进入转型发展时期

2018 年中国汽车市场结束了两位数的发展速度之后开始进入微增长,甚至是负增长阶段。在此背景下,中国汽车制造企业的主营业务收入在 2017 年达到顶峰之后,2018 年以来呈现一定的下滑态势。与此同时,新能源、智能化、网联化的新技术和新模式正在驱动中国汽车产业的转型升级,国家和地方陆续出台重磅政策,大力推进汽车产业转型。

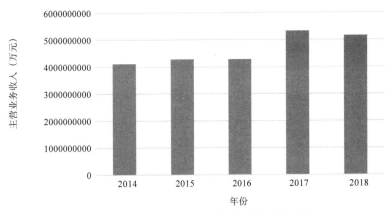

图20　2014—2018 年中国汽车制造业企业主营业务收入

数据来源:国家统计局

2018 年全年中国汽车产量累计完成 2781.9 万辆,同比下降 3.8%,其下降为 1990 年以来首次下降。

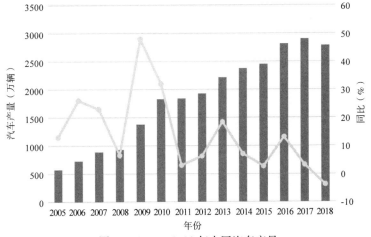

图21　2005—2018 年中国汽车产量

数据来源:国家统计局

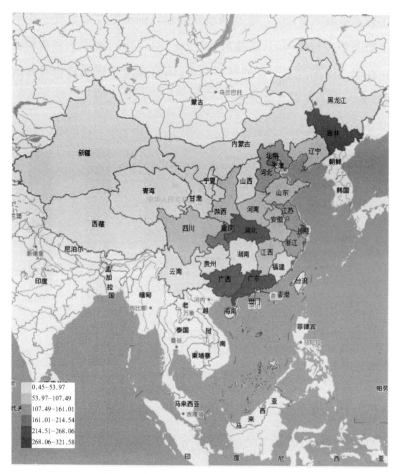

图 22　中国各省市的汽车制造业分布①

数据来源：国家统计局

从 2005—2019 年中国汽车制造业对外货物贸易情况来看，进出口金额在 2014 年达到峰值之后有所下滑，近年来又有所回升。从进出口总量来看，2009 年前中国汽车制造业对外贸易出口额大于进口额，2009 年进出口额基本持平，2009 年以后主要呈现出进口额大于出口额的态势。2019 年中国汽车制造业进出口贸易总

———————

① 检索时间：2020 年 3 月 17 日

额达 1566.04 美元,同比下降 4.53,进口总额 751.37 美元,出口
总额 743.69 亿美元。

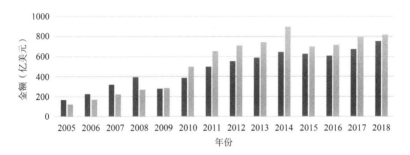

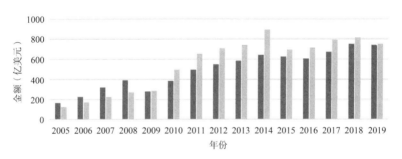

图 23 2005—2019 年中国汽车制造业对外贸易情况
数据来源:全球贸易跟踪系统(Global Trade Tracker,GTT)

从对外贸易市场格局来看,2019 年中国的汽车主要进口来源
国排名前三位的国家分别为德国、日本和美国,进口金额分别为
227.05 亿美元,179.36 亿美元和 106.84 亿美元。中国汽车的出
口额排名前三位的国家(地区)分别为日本、美国和墨西哥,其出口
金额分别为 143.20 亿美元、43.83 亿美元和 39.59 亿美元。

从 2013—2019 年中国汽车制造业的省市产品进口情况来看,
各省市的进口金额变化趋势较为一致,2014 年进口金额达到顶峰
之后有所回落,近年来保持稳中有升的态势,2019 年又出现明显

的下滑态势。北京、上海和天津的汽车产品进口金额排名靠前。

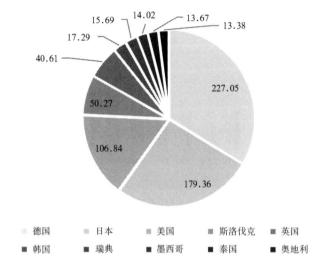

图 24   2019 年中国汽车制造业产品主要的进口来源国家（地区）
数据来源：全球贸易跟踪系统（Global Trade Tracker，GTT）
单位：亿美元

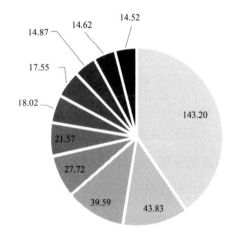

图 25   2019 年中国汽车制造业产品主要的出口国家（地区）
数据来源：全球贸易跟踪系统（Global Trade Tracker，GTT）
单位：亿美元

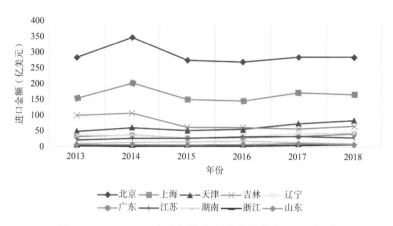

图 26　2013—2019 年中国汽车制造业的省市产品进口额
数据来源:全球贸易跟踪系统(Global Trade Tracker,GTT)

从 2013—2019 年中国汽车制造业的省市产品出口情况来看,浙江、江苏和广东的产品出口金额排名靠前。除了广东省近年来出口金额有所下滑之外,其他省市的产品出口金额整体呈现出平稳增长的态势,特别是上海市自 2018 年以来汽车产品出口增长明显。

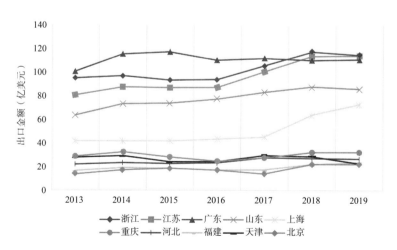

图 27　2013—2019 年中国汽车制造业的省市产品出口额
数据来源:全球贸易跟踪系统(Global Trade Tracker,GTT)

从 2005—2019 年中国汽车制造业发明专利授权量来看,中国汽车制造业的创新能力显著提升。2015 年中国在汽车制造领域发明专利授权量达 5287 件,同比增长 142%,2016—2019 年该领域的发明专利授权量均保持在 7500 件以上。

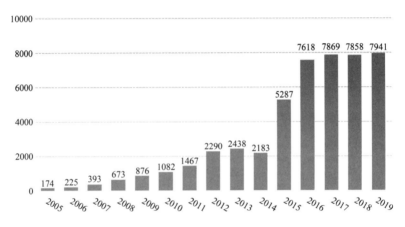

图 28　2005—2019 年中国汽车制造业发明专利授权量

数据来源:Incopat 专利数据库

从 2005—2019 年中国汽车制造业授权发明专利的地域分布情况来看,江苏省排名第一,授权发明专利数量为 5592 件。浙江和北京紧随其后,其中浙江省 5332 件,北京市 4595 件。

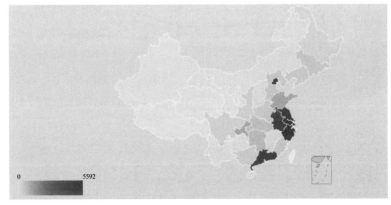

图 29　2005—2019 年中国汽车制造业发明专利授权量省市分布

三、上海汽车制造业转型中发展

从贸易角度来看,近年来汽车进口总体上有所放缓。同时,乘用车产销形势持续低迷,库存高起,造成了上海汽车制造业工业生产增速回落。与此同时,随着智能制造与科创政策的落地激励,上海本土制造的汽车科技也在进一步加强。

(一) 贸易态势

从 2015—2019 年上海汽车制造业进口趋势来看,整车进口份额大于零配件及其他类别进口金额,自 2017 年后整车进口总额有所下滑,而其平均进口价格有所上升。受到全球汽车行业低

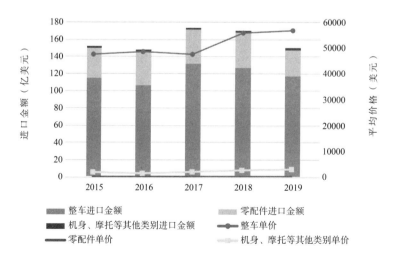

图 30　上海汽车制造业进口趋势
数据来源:全球贸易跟踪系统(Global Trade Tracker,GTT)

迷与国内市场逐渐饱和的影响,汽车作为非刚性消费需求减弱,
2019 年上海汽车制造业进口放缓,整车与零部件的进口态势表
现不佳。

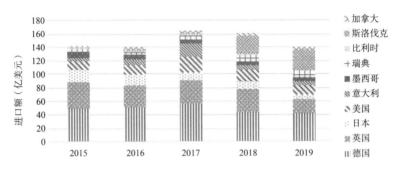

图 31　上海汽车制造业进口全球对象

数据来源:全球贸易跟踪系统(Global Trade Tracker,GTT)

从 2015—2019 年上海汽车制造业全球进口对象来看,从德
国进口的份额位居第一,英国与日本分别在第二与第三位。然而
可以明显观察到受全球汽车产业低迷的影响,从各国进口的规模
正在逐年下降。值得注意的是,其中斯洛伐克却逆势上涨,2019
年上海对斯洛伐克汽车制造领域的进口额达到 30.2 亿美元,这
与斯洛伐克积极参与"一带一路"国际合作倡议并大力推动汽车
产业发展不无关系,加之其在汽车产业中具备较强的生产组装能
力与较低的交易成本,保时捷、大众、标致雪铁龙、起亚等全球知
名汽车企业及部分零部件制造商均在斯洛伐克进行了汽车产业
链的布局。

　　上海汽车制造业重点产品为主要载人的机动车辆以及机动车
零附件,从其进口情况来看,近五年主要载人的机动车辆进口单价

————————————

　　①　依据海关数据统计的进出口规模,选取主要载人的机动车辆和机动车零附件
作为上海汽车制造业进出口贸易重点产品,下同。

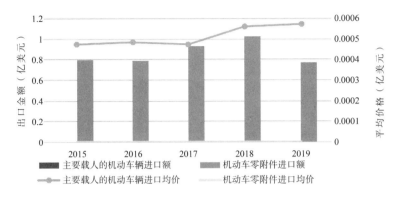

图 32　上海汽车制造业重点产品进口情况①

数据来源:全球贸易跟踪系统(Global Trade Tracker,GTT)

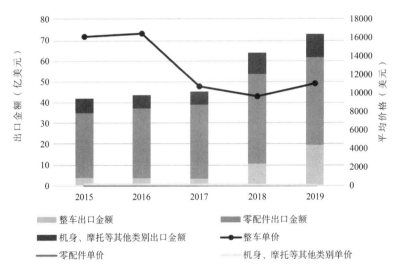

图 33　上海汽车制造业出口趋势

数据来源:全球贸易跟踪系统(Global Trade Tracker,GTT)

有所上升,而机动车零附件变化波动较小。

　　与进口形势相反,上海汽车制造业出口趋势在近 5 年内持续向好,零配件出口份额在整个汽车制造业比重最大,且逐年递增,至 2019 年其出口金额逾 42 亿美元,整车消费结构优化,出口单价趋于平稳。考虑到全球市场萎靡现状及 2020 年全球疫情影响,预

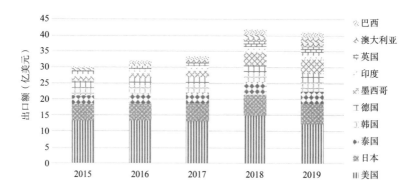

图 34   上海汽车制造业出口全球对象
数据来源：全球贸易跟踪系统(Global Trade Tracker, GTT)

计 2020 年的上海汽车市场会进一步下滑。

从上海出口对象国情况来看，位居前三位的国家分别是美国、日本以及泰国。其中美国的占比份额是第二位日本一倍多。近五年来，上海对美国出口汽车制造产品的波动变化较小，始终维持在 15 亿美元左右；2019 年对日本出口金额比去年略有下滑。整体而言，上海汽车制造产业近五年的出口情况稳中有升，这与国家政策力度的支持、汽车企业不断向外扩大市场有着密切

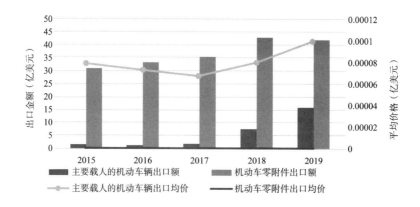

图 35   上海汽车制造业重点产品出口情况
数据来源：全球贸易跟踪系统(Global Trade Tracker, GTT)

关联。

　　从上海汽车制造业重点产品出口情况观察,主要载人的机动车辆出口金额及出口单价在近五年内持续上升,带动机动车零附件出口情况也一路向好,上海汽车国际市场参与度表现较为良好。

(二) 产业态势

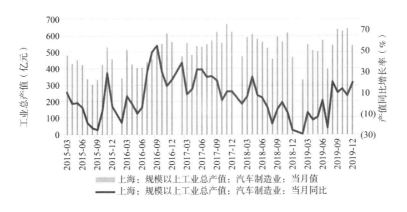

图 36　上海汽车制造业产值情况

数据来源:上海统计局

　　上海汽车制造业规模以上工业总产值在近五年内基本保持平稳,2015—2017 年有明显上升,月度同比增长率一度接近 60%,而至 2018 年则开始有所下滑,到年中同比增长呈现负值。2018 年下半年至 2019 年,受宏观经济的下行压力及购置税优惠政策中止等多重因素影响,乘用车产销形势持续低迷,库存高起,造成了上海汽车制造业工业生产增速回落,受 2020 年全球经济形势影响,预计上海汽车制造业生产增速依然呈现下行态势。

　　上海汽车制造业规模以上工业企业主营业务收入情况在近五年

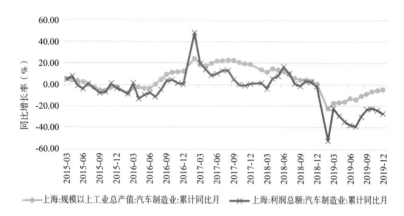

图 37   上海汽车制造业经济效益情况
数据来源：上海统计局

内呈现较为明显的波动，2019 年之前整体保持在 10% 的收入增速，同期利润总额增长也较为平稳，但是值得关注的是进入 2019 年后营业收入与利润总额累计同比增长率均断崖式下滑，全球市场产销形势的低迷严重影响了行业发展状况，汽车行业"寒冬"或将持续。

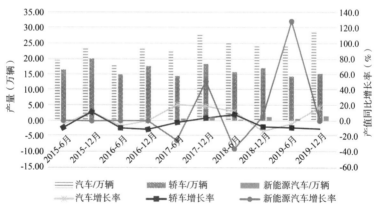

图 38   上海汽车制造业主要产品产量
数据来源：上海统计局

───────────

①   依据上海统计局规模以上工业主要产品产量，选取汽车、轿车以及新能源汽车作为上海汽车制造业主要产品进行分析。

　　上海汽车制造业主要产品以汽车、轿车以及新能源汽车三类来看,自2017年底受新能源汽车优惠措施逐步取消的影响,其产量有一定的下滑态势,且总体产量明显低于汽车与轿车;汽车产量增长率在近三年内增速放缓;2018年起轿车产量增速低迷,由于保有量达到一定规模后,持续快速增长情况势必减弱。

（三）创新态势

　　从2005至2019年发明专利授权公开趋势来看,从2015年汽车制造业科技发展开始明显跃升,近三年每年的授权发明专利已稳定在近500件。尽管如今汽车行业的主要技术仍然集中于欧美发达国家,但随着智能制造与科创政策的落地激励,上海本土制造的汽车科技蓬勃发展也将指日可待。

　　从专利申请企业排名来看,上汽集团遥遥领先,随后是以汽车、交通著名的高等院校上海交通大学与同济大学分别位列第二与第三。自1997年成立泛亚汽车技术中心后上汽集团本土化研发得到巨大助力,随后在2014年助攻车联网技术,近年于自动驾

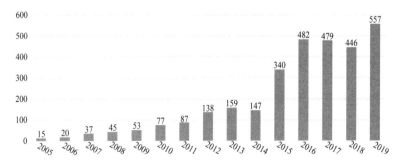

图39　上海汽车制造业领域授权发明专利公开趋势

数据来源:incopat全球专利数据库

驶领域深耕,上汽自动驾驶、车联网以及电动化方向的布局,在自主车企中具有代表性和前瞻性。

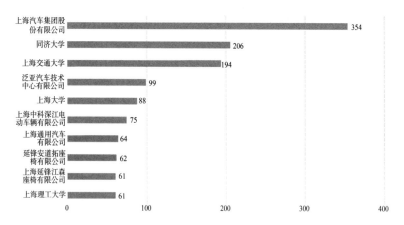

图 40　上海汽车制造业领域发明专利申请企业排名情况

数据来源:incopat 全球专利数据库

第三章　全球贸易视角下的上海计算机通信和电子设备业

一、全球计算机通信和电子设备业①处于下行周期

　　从 2017 年三季度开始,一方面受宏观经济不景气影响,另一方面智能手机带来的创新周期结束也对半导体需求带来负面影响,全球半导体销售额增速逐月向下。2019 年以来,在宏观经济增长乏力及全球贸易摩擦背景下产业去库存影响下,全球计算机通信及电子设备产业仍处于下行周期。根据世界贸易组织 2019 年发布的全球货物贸易晴雨表显示,2019 年第三季度全球电子元器件生产和销售指数为 90.7,低于基线值 100。

(一) 集成电路是贸易的最大产品类别

　　当前全球电子信息产品货物贸易总量超过原油,成为进出口

---

　　① 按照我国国民经济行业分类中第 39 大类-计算机、通信和其他电子设备制造业进行划分,对应国际标准行业分类 ISIC 体系中 26 大类-计算机、电子和光学产品制造中的部分行业。

图 41 全球电子元器件产量及销售指数走势

贸易中的第一大产品种类,其涉及的主要产品包括计算机及相关零附件、自动数据处理设备、电话机、无线电发送设备、无线电遥控设备、无线电接收设备、集成电路等类别①。依照 2018 年进口贸易统计来看,全球计算机通信和电子设备产品进口贸易额为 19.47 千亿美元,占全球制成品贸易额的 15.7%,占全球货物贸易额的 9.9%。其中集成电路产品贸易总额 8.59 亿美元,占计算机通信和电子设备领域贸易总额的 44.1%,为该领域第一大产品类别。其次贸易量较大的产品种类为电话机、自动数据处理设备,2018 年进口总额分别达到 6.24 千亿美元、3.8 千亿美元。

从该行业占比最大的集成电路领域的贸易量看,2018 年全球进口排名靠前的国家主要集中在亚洲地区,其次进口额较大的地区为美国及德国,全球前十大进口市场年度进口总额在全球占比

① 根据海关 HS 体系 4 位代码进行分类,涉及其中第 84 章及 85 章中相关的计算机通信、及电子信息产品。

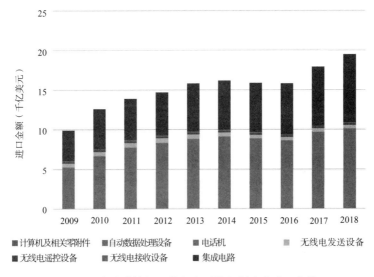

图 42　全球计算机通信和电子设备制造业进口贸易

达 87.3%。其中中国进口集成电路产品共计 3.1 千亿美元,占全球进口总额的 36.4%。其次进口排名靠前的国家或地区主要有中国香港、新加坡、中国台湾、马来西亚、美国、韩国等。

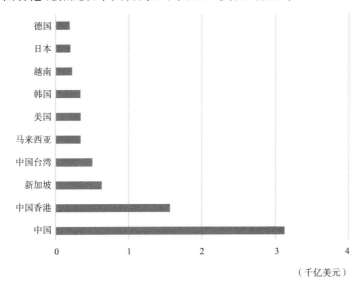

图 43　全球集成电路主要进口地区贸易情况(2018)

（二）亚洲是集成电路的主要贸易市场

根据 2018 年数据来看，全球计算机通信和电子设备制造业出口分布与进口相一致，仍主要集中在亚洲地区。从制造国情况来看，韩国集成电路出口总额高达 1.10 千亿美元，领跑全球。其次中国台湾及大陆地区紧随其后，出口总额分别达到 0.96 及 0.85 千亿美元。除去新加坡、马来西亚等亚洲口岸贸易外，日本全年出口集成电路总额达 0.28 千亿美元，位列亚洲第七。其他出口量较大的国家包括美国及德国，出口总额分别为 0.38 及 0.17 千亿美元。综合来看，全球排名前十的地区出口集成电路总额在全球贸易量中的占比在 91.2% 以上，主导着全球主要的芯片供应量。

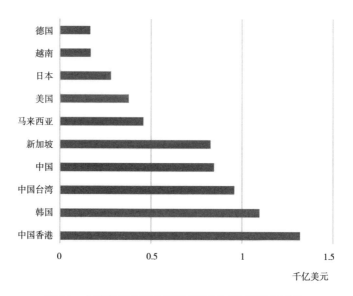

图 44　全球集成电路主要出口地区贸易情况(2018)

二、中国计算机通信和电子设备产业发展稳定

信息技术作为新兴生产力的突出代表,计算机通信和电子设备产业在我国经济发展中的作用日益增强。在产业结构调整、产业经济转型的行业背景下,计算机通信和电子设备产业仍在各工业行业中具有相对较高的前景。改革开放以来,中国计算机通信和电子设备产业一直保持快速发展,在 39 个工业部门中,发展速度最快、产业规模位居前列、外贸出口连年第一、经济效益日益提高,目前在世界上仅次于美国、日本。近年来,随着科技研发投入的加大、市场需求和生产规模的扩大、新兴公司的崛起,国内电子信息产业的竞争压力逐渐增加,同时对国内产业结构和经济结构将产生新的革命性改变。

从近五年中国电子信息产业统计指标来看,中国电子信息企业的主营业务收入在 2017 年达到顶峰之后,2018 年呈现一定的下滑态势,但近五年总体保持稳定增长。

从 2005—2018 年中国微型电子计算机整机产量①来看,2010 年以前,中国微型电子计算机整机产量总体略低,自进入 2010 年起至 2014 年,产量有了显著提高并保持相对稳定的高产量。2015 年至 2018 年,产量略有下滑。

2018 年中国微型电子计算机产量前十省市分别是重庆市、江苏省、四川省、广东省、安徽省、上海市、福建省、湖北省、浙江省、江

---

① 微型电子计算机是计算机通信和电子设备产业领域的重要产品,因此本节以微型电子计算机整机产量作为代表该产业的产品产出分析的依据之一。

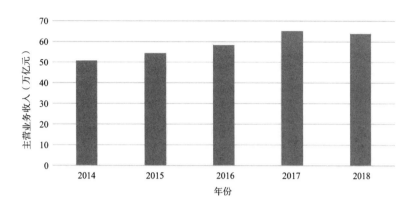

图 45　2014—2018 年中国计算机通信和其他
电子设备制造业企业主营业务收入

数据来源：国家统计局

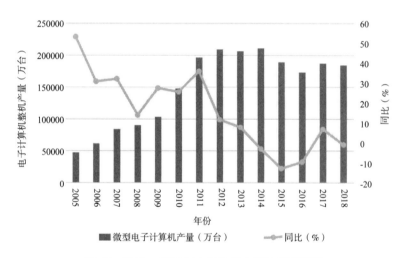

图 46　2005—2018 年中国微型电子计算机产量

数据来源：国家统计局

西省。其中，2018 年重庆市微型电子计算机产量位居国内第一，为 7074.08 万台。我国南方地区较北方地区具有更高的产业优势和产业贡献度，其中以四川重庆为代表的西部城市具有较强的发展态势。整体来看，我国计算机通信和电子设备制造业依旧具有较高的集聚度。从城市角度看，产业聚集度的增加对广东、山东、

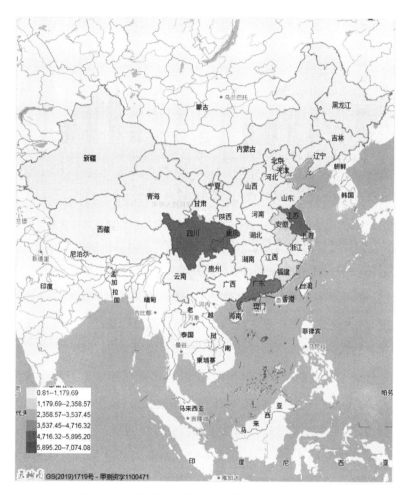

图 47　中国各省市的微型电子计算机制造业分布①

数据来源：国家统计局

江苏、上海、四川、重庆等省市具有正向推动作用，因此应当合理提升产业集聚度，依托工业集聚园区，优化产业链，建立产业生态体系；依托广东上海自由贸易区的新型贸易模式以及一带一路政策，倡导国内企业建立具有国际竞争力的民族品牌，同时加快对外贸易，注重国际化经营，提升海外投资合作力度；关注四川、重庆等西

---

① 检索时间：2020 年 3 月 17 日

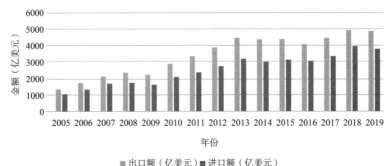

图48　2005—2019年中国计算机通信和电子设备制造业对外贸易情况
数据来源:全球贸易跟踪系统(Global Trade Tracker,GTT)

部城市的人力成本优势,进一步引进大型企业和关联性强的产业链,推动西部地区工业园区的建立,进一步提升西部地区产业聚集度,最大化地发挥产业集群效应,重点打造京津冀地区一体化发展模式,注重区域内协同发展,发挥北京的技术创新优势,天津的制造优势及河北的互补协助作用,提升其产业对接协作与转移承接能力,形成产业发展圈,培育新兴产业增长点,辐射带动周边相关行业,实现京津冀低碳化高质量的产业升级转型。

从2005—2019年中国电子信息产业对外贸易情况来看,国内对外出口金额在2013年达到峰值之后有所下滑,近年来又有所回升;国内进口总额自2005年起保持相对稳定的总体增长。从进出口总量来看,国内对外出口总量每年均高于进口总量,暗示我国微型电子计算机在国际市场上占据着一定重要地位。2019年中国计算机通信和电子设备制造业进出口贸易总额达8758.44亿美元,同比下滑2.18%,进口总额3837.85亿美元,出口总额4920.59亿美元。

从对外贸易市场格局来看,中国计算机通信和电子设备制造产品的主要进口来源国家(地区)大部分位于亚洲,其中排名前三

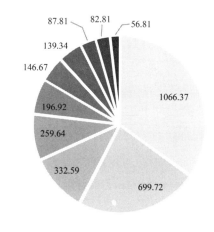

87.81　82.81　56.81
139.34
146.67
196.92
259.64
332.59
1066.37
699.72

中国台湾　韩国　马来西亚　越南　日本
美国　泰国　菲律宾　新加坡　爱尔兰

图 49　2019 年中国计算机通信和电子设备制造业产品
主要的进口来源国家(地区)

数据来源:全球贸易跟踪系统(Global Trade Tracker,GTT)
单位:亿美元

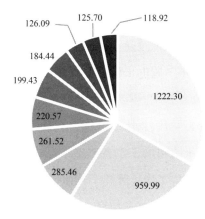

126.09　125.70　118.92
184.44
199.43
220.57
261.52
285.46
1222.30
959.99

中国香港　美国　韩国　荷兰　日本　中国台湾　越南
印度　德国　新加坡

图 50　2019 年中国计算机通信和电子设备
制造业产品主要的出口国家(地区)

数据来源:全球贸易跟踪系统(Global Trade Tracker,GTT)
单位:亿美元

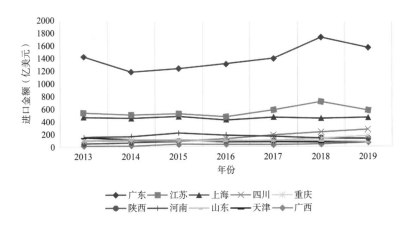

图 51　2013—2019 年中国计算机通信和电子
设备制造业的省市产品进口额
数据来源:全球贸易跟踪系统(Global Trade Tracker,GTT)

位的国家(地区)分别为:中国台湾、韩国和马来西亚。进口金额分别为 1066.37 亿美元,699.72 亿美元和 332.59 亿美元。中国计算机通信和电子设备制造产品的出口额排名前三位的国家(地区)分别为:中国香港、美国和韩国,出口金额分别为 1222.30 亿美元、959.99 亿美元和 285.46 亿美元。

从 2013—2019 年中国电子信息产业的省市产品进口情况来看,除广东和江苏两省 2019 年出口额有所下滑外,其他省市的进口金额变化趋势较为一致,总体保持稳中有升的态势。广东、江苏和上海市的计算机通信和电子设备制造产品进口金额排名靠前,其中广东省进口总额每年均显著高于其他省市。

从 2013—2019 年中国电子信息产业的省市产品出口情况来看,广东、江苏和上海的产品出口金额排名靠前且显著高于其他省市。其中,广东省近年来出口金额波动较大;江苏省在 2016 年出口额达到低谷之后开始回升,2019 年较 2018 年略微下滑;上海市的出口额。其他省市的产品出口金额整体呈现出平稳增长的态势

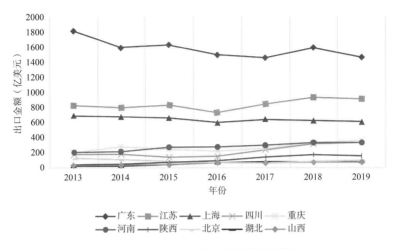

图 52 2013—2019 年中国计算机通信和
电子设备制造业的省市产品出口额

数据来源：全球贸易跟踪系统(Global Trade Tracker，GTT)

近三年也表现出下滑态势。

从 2005—2019 年中国电子信息产业发明专利授权量来看,中国电子信息产业的创新能力显著提升。2019 年中国在电子信息领域发明专利授权量达 59396 件,2017—2019 年该领域每年的发明专利授权量均保持在 45000 件以上。

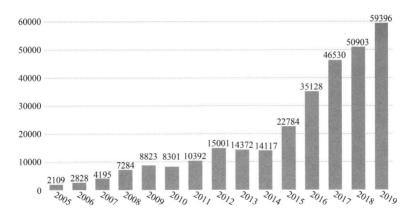

图 53 2005—2019 年中国计算机通信和电子
设备制造业授权发明专利公开趋势

数据来源：incopat 全球专利数据库

从 2005—2019 年中国电子信息产业授权发明专利的地域分布情况来看,北京市排名第一,授权发明专利数量为 62886 件。广东省紧随其后,授权发明专利数量为 48805 件。

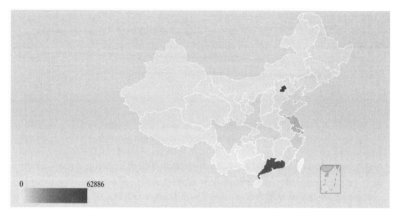

图 54　2005—2019 年中国计算机通信和电子
设备制造业授权发明专利省市分布
数据来源:incopat 全球专利数据库

三、上海计算机通信和电子设备业发展空间较大

近年来受国际贸易格局的影响,上海计算机通信和电子设备制造业进出口起伏较大,同时也承载了 5G 商用巨大需求,产业链在上游供给端支撑、下游需求拉动以及政策环境刺激等各方积极因素的共振下,整体发展稳中有变。从进出口贸易角度来看,进口依赖依然是最明显的问题,芯片技术的缺失使得上海计算机通信和电子设备制造业处于被动局面。此外在全球需求减弱、贸易格局调整影响下,出口规模放缓的同时,整体生产规模有所紧缩。从产业技术的发展来看,以龙头企业为代表的科技创新能力正在逐

步提升,上海计算机、通信和其他电子设备制造业未来实现国产替代空间巨大。

(一) 贸易态势

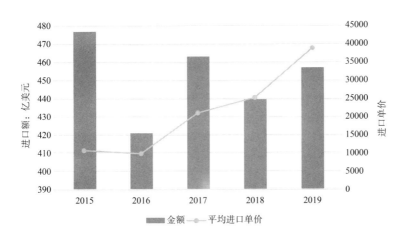

图 55　上海计算机、通信和其他电子设备制造业进口趋势

数据来源:全球贸易跟踪系统(Global Trade Tracker,GTT)

从 2015—2019 年上海计算机、通信和其他电子设备制造业进口趋势来看,进口额起伏较大,2019 年进口额为 456.86 亿美元,

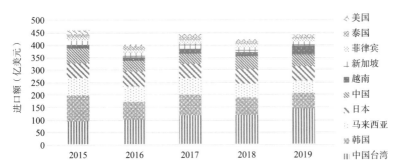

图 56　上海计算机、通信和其他电子设备
制造业进口全球对象分析

数据来源:全球贸易跟踪系统(Global Trade Tracker,GTT)

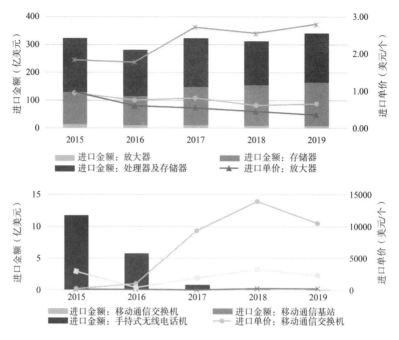

图 57　上海计算机、通信和其他电子设备制造业重点产品进口情况①
数据来源：全球贸易跟踪系统（Global Trade Tracker，GTT）

而平均进口单价则在迅速上升。推测进口情况的低迷主要是受全球半导体市场的景气程度影响，而上海对进口依赖性较大，导致进口单价的不断攀升。上海计算机、通信和其他电子设备制造业完成自主可控的进口替代任重道远。

从 2015 至 2019 年上海计算机、通信和其他电子设备制造业的全球进口对象来看，主要进口国/地区为中国台湾、韩国以及马来西亚，总体趋势保持平稳。

从上海计算机、通信和其他电子设备制造业重点产品来看，集成电路存储器与移动通信交换机在近几年进口单价均呈现上升态

①　分别依据集成电路与通信制造行业代表性贸易产品作为上海计算机、通信和其他电子设备制造业重点产品进行分析。

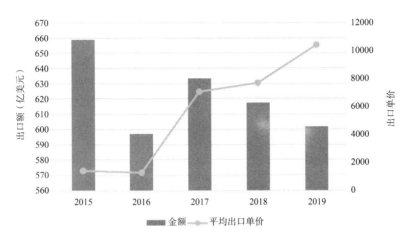

图 58　上海计算机、通信和其他电子设备
制造业出口趋势分析

数据来源：全球贸易跟踪系统(Global Trade Tracker，GTT)

势。表明市场对于通信存储类电子产品的依赖性较高，主要原因来自于芯片技术依然为欧美国家垄断，仅在某些技术较为容易的低端集成电路中占有少量份额，而服务器、个人电脑、可编程逻辑设备等关键领域市场占有率几乎为零。

2015—2019 年上海计算机、通信和其他电子设备制造业出口趋势与进口类似，从 2016 年起出口单价出现较大的增幅，而出口金额则呈现下滑态势，整体出口规模大幅降低，原因来自于近年国际贸易局势的变动，同时也倒逼上海计算机、通信和其他电子设备制造业进行产业结构革新，向自主可控高端化发展。

从 2015—2019 年上海计算机、通信和其他电子设备制造业出口对象国情况来看，位居前三位的国家/地区分别美国、中国香港以及荷兰。其中对美出口份额较大，且逐年递减，一方面是受到中美贸易摩擦的影响，另一方面是由于产品可替代性较强，竞争力较弱，美国在遇到贸易关税问题时能够选择其他市场。其他出口国

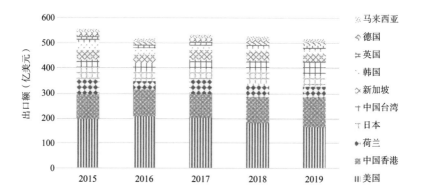

图 59   上海计算机、通信和其他电子设备
制造业出口全球对象分析

数据来源：全球贸易跟踪系统(Global Trade Tracker，GTT)

家的出口份额相对较为稳定。

（二）产业态势

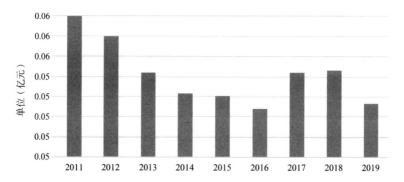

图 60   上海计算机、通信和其他电子设备制造业规模以上工业总产值

数据来源：上海统计局

上海计算机、通信和其他电子设备制造业规模以上工业企业
总产值在 2017—2018 年间有所回升，2019 年总产值再次下滑，为
5135 亿元，同比下降 6.07％。源于上海计算机、通信和其他电子

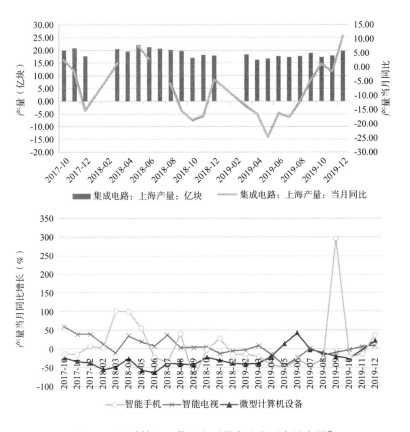

图 61 上海计算机通信和电子设备业主要产品产量①
数据来源：上海统计局

设备制造业在 2018 年步入以 5G 为主线的创新周期，规模持续快速增长，然而进入 2019 年后行业成为国际贸易摩擦的重灾地，各项产业指标均受挫下滑。

上海计算机、通信和其他电子设备制造业主要产品以集成电路、智能手机、智能电视以及微型计算机设备为例。受国际贸易摩擦影响，集成电路在 2019 年产量复苏情况良好，微型计算机设备

---

① 依据上海统计局规模以上工业主要产品产量分类，选取智能手机、智能电视以及微型计算机设备作为上海计算机通信和电子设备业主要产品进行分析。

近两年内产量情况始终走低,智能手机的产品产量增长拐点出现在 2017 年四季度,至 2018 年一季度出现了显著增长,但在 2018 年二季度开始则持续下滑,至四季度随着中美贸易谈判的顺利开展,产品产量再次呈现了回暖趋势,2019 年 9 月出现明显峰值,可见国际贸易局势是智能手机行业产生明显波动的主要原因之一。由此,5G 将产业从上游材料发展到核心零部件升级,从内外部结构变化到功能应用创新,从长远来看,全球处于第四轮硅含量提升周期中,多项应用端设备创新需求放开,在这样的市场需求下,2020 年上海计算机、通信和其他电子设备制造业产能理应迎来一轮抬升,但全球因疫情导致的经济形势下滑却有可能成为极大的不定因素。

(三) 创新态势

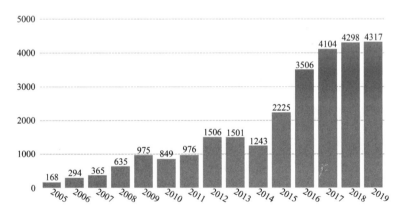

图 62 上海计算机、通信和其他电子设备
制造业领域授权发明专利公开趋势

数据来源:incopat 全球专利数据库

从 2005 至 2019 年发明专利授权公开趋势来看,上海计算机、

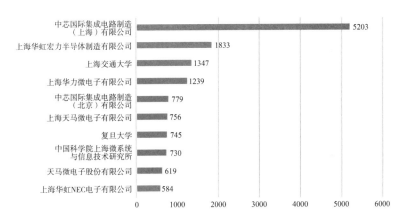

图 63　上海计算机、通信和其他电子设备
制造业发明专利申请企业排名情况

数据来源：incopat 全球专利数据库

通信和其他电子设备制造业从 2015 年开始科技创新能力不断提升，2018 年已达到 4298 件发明专利授权。行业随着 5G 商用、人工智能、物联网等新应用落地，进口替代空间巨大，科技创新能力亟待提升。

从专利申请企业排名来看，中芯国际集成电路有限公司发明专利申请量遥遥领先其他申请人。中芯国际作为上海乃至中国顶尖的芯片制造商，于 2018 年实现了 14nm 工艺芯片的量产，虽然相比掌握世界顶级 7nm 工艺生产技术的台积电和三星依然存在差距，但已为国产芯片产业的技术突破打下基础。

第四章　全球贸易视角下的
上海电气机械和器材业

一、全球电气机械和器材产业[①]正在变革

近年来,智能领域涌现的一些颠覆性技术创新,正在创造新产业新业态,信息技术、制造技术、新材料技术和新能源技术广泛渗透到各个领域,带动了以绿色、智能、融合为特征的群体性重大技术变革。在电气领域,从生产过程到电气产品迭代升级,智能化都扮演着重要的角色。电气产品的集成化、数字化、模块化、微型化、定制化、可识别,成为了电气产业未来发展的重要标识。整体而言,全球电气机械和器材制造业在多个细分领域面临增速提档的转型阶段。

(一) 亚洲是全球电气机械和器材的最大进口市场

依照 2018 年进口贸易统计来看,全球电气机械及器材产品进口贸易额为 4.36 千亿美元,占全球制成品贸易额的 3.52%,

---

① 按照我国国民经济行业分类中第 38 大类-电气机械和器材制造业进行划分,对应国际标准行业分类 ISIC 体系中 27 大类-电力设备的制造中的相关行业。

占全球货物贸易额的 2.22%。从细分类别来看,其大类产品主
要集中在电动机/发动机、变压器/变流器、电池、家用电器、照明
装置等领域①。其中排名第一的为变压器/变流器产品,2018 年
贸易总额 1.11 千亿美元,占电气机械和器材领域贸易总额的
25.5%。其次排名为靠前的领域分别为电动机/发动机及电池
类产品,2018 年进口贸易总额分别达到 1.01 千亿美元及 0.63
千亿美元。

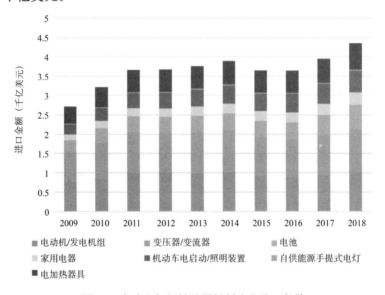

图 64　全球电气机械及器材制造业进口贸易

从该行业占比最大的细分领域中变压器的贸易量看,2018 年
全球进口排名靠前的国家主要集中在亚洲、北美及欧洲地区,分布
较为均匀。其次美国为该类产品全球第一进口大国,2018 年进口
总额达 0.15 千亿美元,在全球占比为 15.1%。其中中国进口变
压器类产品共计 0.12 千亿美元,占全球进口总额的 12.0%。其

---

① 根据海关 HS 体系 4 位代码进行划分,涉及其中第 85 章中相关的电气机械
产品。

次进口排名靠前的地区主要有中国香港、德国、墨西哥、日本、荷兰、法国等,全球前十大进口市场年度进口总额在全球占比合计达59.4%。

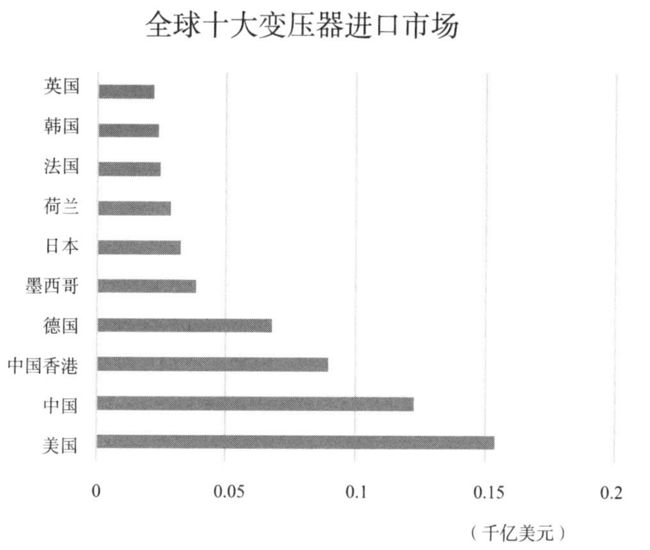

全球十大变压器进口市场

（千亿美元）

图 65　全球变压器主要进口地区贸易情况(2018)

（二）中国领跑全球电气机械和器材出口

根据 2018 年变压器领域出口数据来看,全球电气机械和器材类产品制造业仍主要集中在亚洲、北美及欧洲地区。其中中国出口总额达 0.26 千亿美元,领跑全球。其次出口量较大的国家包括德国、美国、日本等,2018 年出口总额分别为 0.095、0.063、0.040千亿美元。综合来看,全球排名前十的地区出口变压器总额在全球贸易量中的占比在 69.5%以上,主导着全球主要的电气产品供应链。

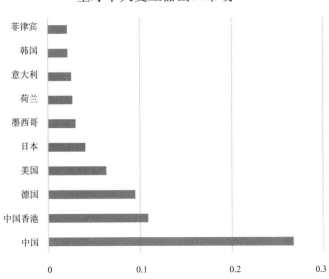

图 66　全球变压器主要出口地区贸易情况（2018）

二、中国电气机械和器材产业正在转型升级

　　电气机械和器材制造业作为制造业的重要组成部分为我国经济的发展也相应做出了很大的贡献，这不但体现在改善人民生活上，而且在提升机械产业竞争力和优化产业结构上都占有重要的地位。随着国内经济的转型，电气机械器材制造业的发展较为健康，国家陆续推动新能源发电如太阳能、风能、海上风力发电、核电等产业的发展，推动了电气器械器材制造业的需求。如今，我国正在经历传统制造业转型升级的关键时期，工业物联网、大数据技术、云计算等新兴技术为制造业开启了智能化的大门，作

为制造业的重要分支电气机械及器材制造业也开始布局智能制造。

从近五年中国电气机械和器材制造业统计指标来看,中国电气机械和器材制造产业企业的主营业务收入自2014年开始逐年增长,2017年达到476988.1亿元,而2018年却出现明显下滑,主营业务收入降至398550.2亿元,为近五年来新低,这与2018年全球经济下行,经济增长乏力密不可分。

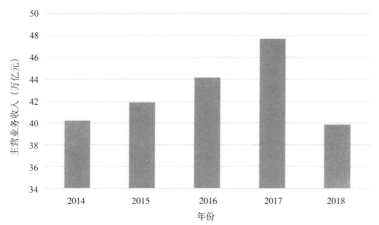

图67　中国电气机械和器材制造业企业主营业务收入

数据来源:国家统计局

从2005—2018年中国交流电发动机产量①来看,中国交流电动机产量自2011年开始平稳增长,近年来保持着一个相对稳定的产量,年度间略有波动。2018年全年,中国交流发动机产量为167850.9万千瓦,同比下降7.3%。

2018年中国发电量②排名前十省位市分别是山东省、江苏市、

———————

　①　交流电动机是电气机械和器材产业领域的重要产品,因此本节以交流电动机产量作为代表该产业的产品产出分析的依据之一。

　②　电气机械和器材制造业是电力消费的主要产业之一,因此本节用"发电量"这一指标来分析各省市的电气机械和器材制造业发展情况。

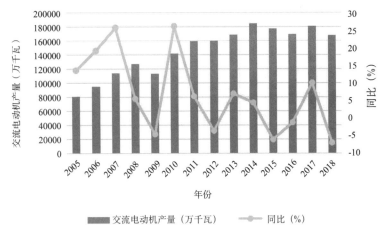

图 68　2005—2018 年中国交流电动机产量

数据来源：国家统计局

内蒙古自治区、广东省、四川省、浙江省、新疆维吾尔自治区、河北省、山西省和云南省。其中，2018 年山东省位居全国第一，发电量为 5825.61 亿千瓦时。

从 2005—2019 年中国电气机械和器材产业对外对外贸易情况来看，进出口金额整体呈现平稳增长态势，2015 年以来进出口额略有下滑，2017 年开始又进入增长区间。从进出口总量来看，中国电器机械和器材制造业整体上呈现出口远大于进口的态势，2019 年中国电气机械和器材制造业进出口贸易总额达 1489.12 亿美元，同比增长 2.43%，出口额为 1174.02 亿美元，进口额为 315.10 亿美元。

从对外贸易市场格局来看，中国电气机械和器材制造业产品的主要进口来源国排名前三位的国家分别为：日本、德国和韩国，进口金额分别为 56.87 亿美元，40.13 亿美元和 22.09 亿美元。中国电气机械和器材制造业产品的出口额排名前三位的国家（地区）分别为：美国、中国香港和日本，出口金额分别为 220.17 亿美元、110.00 亿美元和 71.07 亿美元。

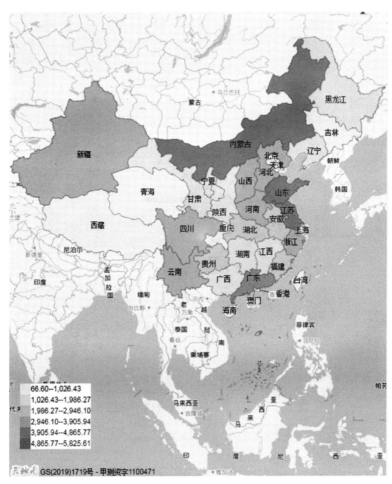

图 69　中国各省市的发电量分布
数据来源：国家统计局

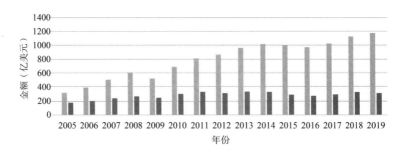

图 70　2005—2019 年中国电气机械和器材制造业对外贸易情况
数据来源:全球贸易跟踪系统(Global Trade Tracker,GTT)

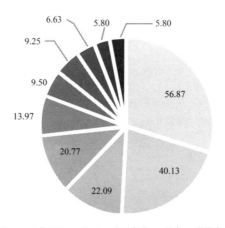

■ 日本　■ 德国　■ 韩国　■ 马来西亚　■ 美国　■ 中国台湾　■ 越南　■ 菲律宾　■ 匈牙利　■ 法国

图 71　2019 年中国电气机械和器材制造业
产品主要的进口来源国家(地区)
数据来源:全球贸易跟踪系统(Global Trade Tracker,GTT)
单位:亿美元

从 2013—2019 年中国电气机械和器材制造业的省市产品
进口情况来看,除了广东省的产品进口金额呈现明显下滑态势
外,其余各省市的电气机械和器材产品进口金额相对平稳。广
东省、江苏省和上海市的电气机械和器材产品进口金额远超其
他省市。

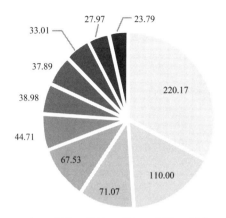

图 72　2019 年中国电气机械和器材制造业产品主要的出口国家(地区)
数据来源:全球贸易跟踪系统(Global Trade Tracker,GTT)

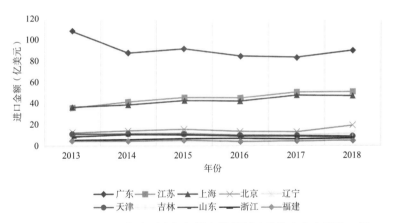

图 73　2013—2019 年中国电气机械和器材制造业的省市产品进口额
数据来源:全球贸易跟踪系统(Global Trade Tracker,GTT)

　　从 2013—2019 年中国电气机械和器材制造业的省市产品出口情况来看,各省市的产品出口金额整体呈现出平稳增长的态势。其中,广东、浙江和江苏的产品出口金额排名靠前。

　　从 2005—2019 年中国电气机械和器材制造业发明专利授权量来看,中国电气机械和器材制造业的创新能力显著提升。2016

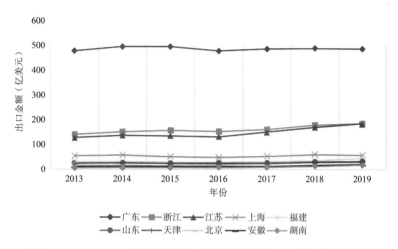

图 74 2013—2019 年中国电气机械和器材制造业的省市产品出口额
数据来源：全球贸易跟踪系统(Global Trade Tracker,GTT)

年中国在电气机械和器材制造业领域发明专利授权量达 33335
件,同比增长 39.89％,2017—2019 年该领域每年的发明专利授权
量均保持在 40000 件以上。

从 2005—2019 年中国电气机械和器材制造业授权发明专利
的地域分布情况来看,广东省排名第一,授权发明专利数量为

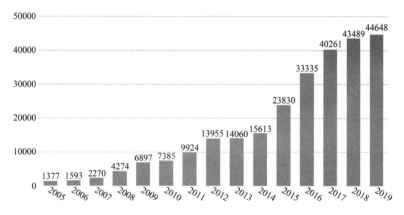

图 75 2005—2019 年中国电气机械和器材制造业授权发明专利公开趋势
数据来源：incopat 全球专利数据库

48845件。江苏和北京紧随其后,其中江苏省32005件,北京市25215件。

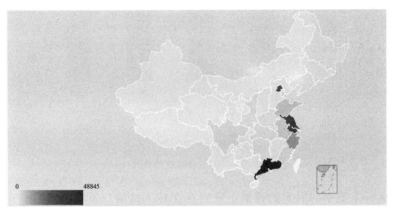

图76　2005—2019年中国电气机械和器材制造业授权发明专利省市分布
数据来源:incopat全球专利数据库

三、上海电气机械和器材业步入产业结构调整期

上海电气机械和器材制造业总体发展稳中有变。国际贸易市场进口依赖较为明显,出口附加值较低,难以形成较强的国际竞争力;产业面临结构化调整,国内产品在技术性能、质量水平和可靠性方面还需进一步提升;科创方面,上海电气机械和器材制造业前沿技术的研发能力还需加强。

(一) 贸易态势

从2015—2019年上海电气机械和器材制造业进口趋势来看,进口额稳中有进。在内需增长趋缓、企业间竞争加剧已成为行业

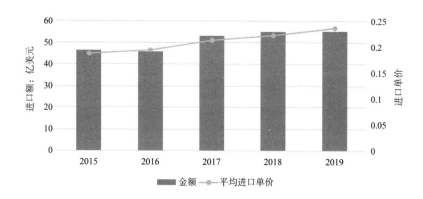

图 77　上海电气机械和器材制造业进口趋势

数据来源：全球贸易跟踪系统(Global Trade Tracker,GTT)

运行主要制约因素的背景下依然存在较大的进口量,说明国内产品在技术性能、质量水平和可靠性方面与进口产品还存在着一定的差距,国内企业的供给能力还仅仅限于中低端产品范围内,尚不能充分满足各方面对这些领域高性能、高质量、高可靠性产品的需求。

从 2015 至 2019 年上海电气机械和器材制造业进口全球对象来看,从日本进口的份额位居第一,其后分别为德国和美国。我国电气机械和器材制造业存在基础薄弱、自主知识产权缺乏等问题,

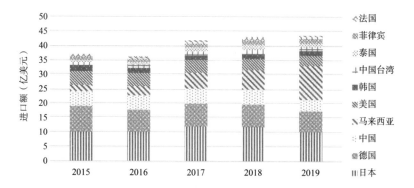

图 78　上海电气机械和器材制造业进口全球对象分析

数据来源：全球贸易跟踪系统(Global Trade Tracker,GTT)

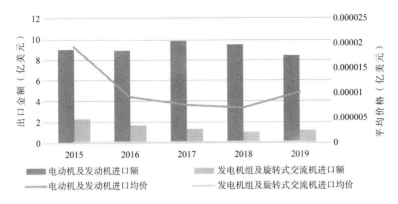

图 79 上海电气机械和器材制造业重点产品进口情况[1]
数据来源:全球贸易跟踪系统(Global Trade Tracker,GTT)

市场结构呈现典型的金字塔状,在较低技术门槛的中低端产品市场份额较大,而中高端产品则依赖进口。日本拥有全球领先的电气制造产业链,因此上海对于日本市场的依赖性较为明显。

上海电气机械和器材制造业重点产品为电动机及发动机以及发电机组及旋转式变流机,其中电动机及发动机进口情况维持稳定,而发电机组及旋转式变流机近年来进口份额与进口单价逐渐下降。侧面表明上海市场对于该产品的依赖性正在逐年递减,国产替代的进程正在加快。

与进口趋势相反,2015—2019 年上海电气机械和器材制造业出口平均单价在近 2 年内有所波动。受益于电力工业、新能源产业及能源结构优化等因素的影响,工业电气行业逐步成为全球性的电气应用市场,然而由于市场竞争激烈,行业整体集中度不高,上海的电气工业难以在短时间内形成较强的竞争力,因此出口附加值依然较低。

---

① 依据海关数据统计的进出口规模,选取电动机及发动机、发电机组及旋转式变流机作为上海电气机械和器材制造业进出口贸易重点产品,下同。

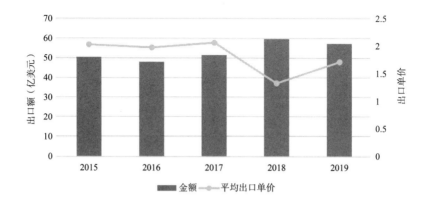

图 80　上海电气机械和器材制造业出口趋势分析
数据来源:全球贸易跟踪系统(Global Trade Tracker,GTT)

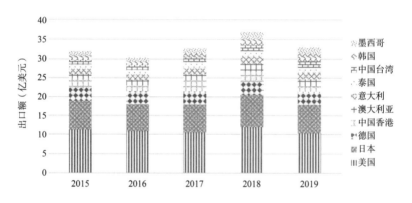

图 81　上海电气机械和器材制造业出口全球对象分析
数据来源:全球贸易跟踪系统(Global Trade Tracker,GTT)

　　从 2015—2019 年上海电气机械和器材制造业出口对象国情况来看,位居前三位的国家/地区分别是美国、日本以及德国。从趋势图中可以看到近五年来上海对全球各国电气机械和器材制造的出口波动较小,侧面反映产业结构升级还不明显,依然存在专业化程度较低的问题。

　　从上海电气机械和器材制造业重点产品出口情况观察,发电机组及旋转式变流机出口单价不断攀升,出口金额在逐年下降,推

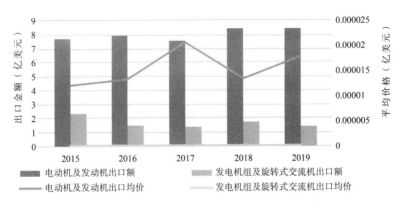

图 82　上海电气机械和器材制造业重点产品出口情况
数据来源:全球贸易跟踪系统(Global Trade Tracker,GTT)

测是由于国际市场对该产品的需求度正在下降,产业结构应当向高附加值发展方向调整。

(二) 产业态势

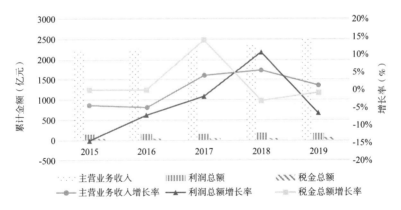

图 83　上海电气机械和器材制造业经济效益情况
数据来源:上海统计局

上海电气机械和器材制造业规模以上工业企业主营业务收入在近五年内无明显波动,2019 年略有下滑,利润总额增长率走势与主营业务收入走势基本一致,然而近几年内大多呈现负增长,行业产业结构亟需整改。

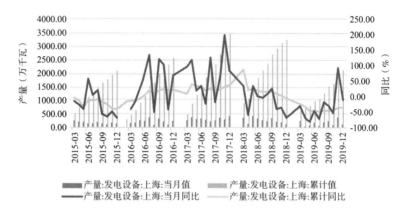

图84   上海电气机械和器材制造业主要产品产量(交流电动机)
数据来源:上海统计局

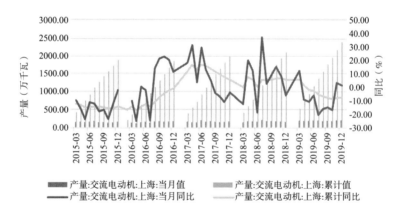

图85   上海电气机械和器材制造业主要产品产量(发电机组)
数据来源:上海统计局

上海电气机械和器材制造业主要产品以发电机组和交流电动机为例,发电机组产量从2018年开始呈现负增长,表现为持续下滑,交流电动机同比增长在2018年维持在低位震荡,至2019年发电机组和交流电动机产量同比增长率均跌入负值,年末情况略微好转。由此可见上海电气机械和器材制造业产量正在进行产业结构化调整,逐渐夯实高端制造的基础,以高端电器元件为代表的关键基础零部件发展重点也将放在智能控制系统上,特别是交流伺服控制系统。

(三) 创新态势

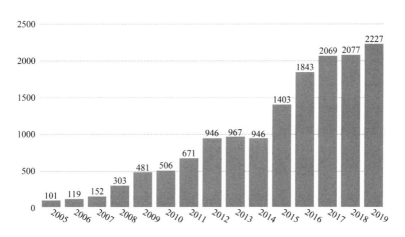

图 86 上海电气机械和器材制造业授权发明专利公开趋势

数据来源:incopat 全球专利数据库

从 2005 至 2019 年上海电气机械和器材制造业授权发明专利公开趋势来看,上海电气机械和器材制造业从 2015 年开始科技创新能力不断提升,2019 年已有 2277 件发明专利授权。行业正在面临产能严重过剩、产品售价持续走低以及企业盈利能力普遍下降等共性问题,需要进一步加强创新能力,实现结构调整和转型升级,以市场为导向促进高端产品发展,形成自主可控技术体系。

从上海电气机械和器材制造业专利申请企业排名来看,科研

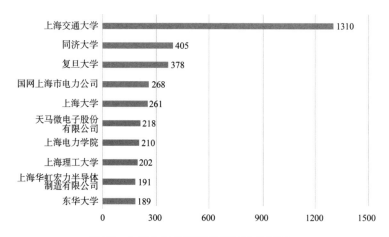

图 87　上海电气机械和器材制造业领域
发明专利申请企业排名情况

数据来源：incopat 全球专利数据库

院校是该领域主要的申请人，其中上海交通大学的申请量远远高于其余申请人。由于电气领域市场整体集中化程度不高，企业在理论研究、基础研究方面有所欠缺，通过与高校和科研院所的合作，对前沿技术的研发能力得以大幅提升，尽快实现行业向高端化集约化方向的革新。

第五章 全球贸易视角下的
上海仪器仪表制造业

一、全球仪器仪表行业①加速迭代发展

仪器仪表行业作为制造业的重要组成部分,在工业生产中发挥着不可替代的作用。当前全球经济低迷之际,下游制造产业增长乏力,导致仪器仪表面临巨大压力。同时,在人工智能、物联网等新技术的冲击,全球主要仪器供应商企业纷纷布局人工智能、大数据等技术领域,适时推出新型智能产品,产品结构与增长模式面临新的迭代,行业迎来更加激烈的竞争。

依照 2018 年进口贸易统计来看,全球仪器仪表产品进口贸易额为 5.14 千亿美元,占全球制成品贸易额比重的 4.15%,占全球货物贸易额的 2.62%。从细分类别来看,其大类产品主要集中在电器仪表其光学元件、电子医疗设备、理化计量及分析仪器、光学

---

① 按照我国国民经济行业分类中第 40 大类-仪器仪表制造业进行划分,对应国际标准行业分类 ISIC 体系中 26 大类-计算机、电子和光学产品制造、28 -未另分类的机械和设备的制造、及 32 -其他制造业中的部分行业。

计量仪器及附件、导航及测绘仪器、教学示范用仪器等领域①。其中排名第一的为电器医疗设备,2018 年贸易总额 1.28 千亿美元,占电气机械和器材领域贸易总额的 24.8%。其次排名为靠前的领域分别为理化计量及分析仪器及电器仪表其光学元件,2018 年进口贸易总额分别达到 1.23 千亿美元及 0.83 千亿美元。

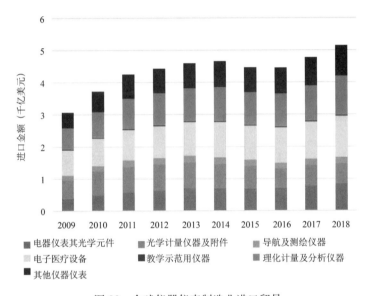

图 88　全球仪器仪表制造业进口贸易

从该行业占比最大的细分领域中变压器的贸易量看,2018 年全球业进口排名靠前的国家主要集中在北美、欧洲及亚洲地区。其中美国为该类产品全球第一进口大国,2018 年进口总额达 0.25 千亿美元,在全球占比为 19.8%。其中中国进口变压器类产品共计 0.086 千亿美元,占全球进口总额的 6.8%。其次进口排名靠前的地区主要有德国、荷兰、日本等,全球前十大进口市场年度进

①　根据海关 HS 体系 4 位代码划分,涉及其中第 85 章、90 章、91 章中相关的仪器仪表类产品。

口总额在全球占比合计达 62.9%。

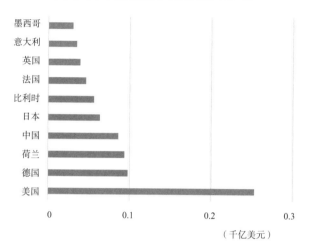

图 89 全球电器医疗设备主要进口地区贸易情况(2018)

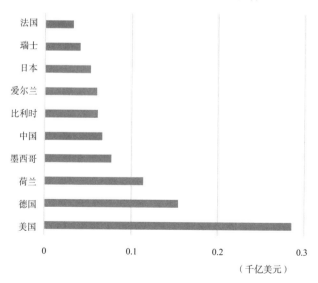

图 90 全球电器医疗设备主要出口地区贸易情况(2018)

从 2018 年电器医疗设备出口数据来看,全球仪器仪表类产品制造业仍主要集中在北美及欧洲、亚洲地区。其中美国出口总额达 0.28 千亿美元,领跑全球。其次出口量较大的国家包括德国、荷兰、墨西哥、中国等,2018 年出口总额分别为 0.15、0.11、0.077、0.067 千亿美元。综合来看,全球排名前十的地区出口电器医疗设备总额在全球贸易量中的占比在 77.9% 左右,主导着全球主要的仪器仪表配套供应链。

二、中国仪器仪表制造业增速有所放缓

我国仪器仪表产业起步比较晚,主要集中于中低端产品,而高端及尖端产品领域与国外仍有较大差距。近年来,得益于国家推进经济结构调整、支持科技进步、关注民生等政策的推动,我国研发和生产体系日益健全,与国际先进水平的差距也日益缩小,成为常用仪器仪表的生产大国。随着新技术、新工艺和嵌入式系统技术的不断进步,只有仪器仪表还在不断发展,不断推陈出新,不断提高智能水平。

从近五年中国仪器仪表制造业统计指标来看,2014 年以来中国仪器仪表制造业企业的主营业务收入逐年增长,2017 年主营业务收入达 60339.6 亿元,2018 年主营业务收入下滑至 50320 亿元,同比下降 16.6%,增速有所放缓。

电工仪器仪表是仪器仪表制造业的主要代表产品,2005—2018 年中国电工仪器仪表产量呈现平稳增长态势,2018 年全年,中国电工仪器仪表累计完成 134032 万台,同比增长 1.14%,尽管近年来电工仪器仪表产量稳步增长但增幅明显下降。

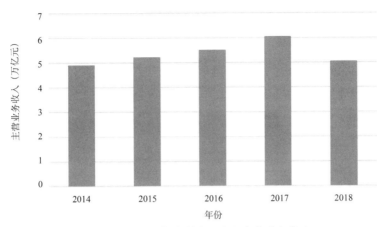

图 91　中国仪器仪表制造业企业主营业务收入

数据来源：国家统计局

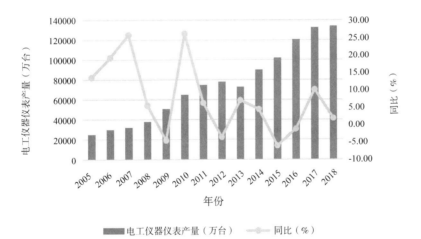

图 92　2005—2018 年中国电工仪器仪表产量

数据来源：国家统计局

　　受宏观调控、汇率变动、国内产业发展等多种因素影响，我国仪器仪表产品进出口贸易市场波动较大。从 2005—2019 年中国仪器仪表制造业对外对外贸易情况来看，进出口金额在 2013 年达到峰值之后开始下滑，2017 年以来又有所回升。从进出口总量来看，中国仪器仪表制造业对外对外贸易进口额大于出口额。

我国仪器仪表行业进出口的增长,一方面体现了我国仪器仪表产业发展的实力,证明了我国仪器仪表生产技术的提升带动了我国出口规模的快速上涨,另一方面,我国仪器仪表进口额的提升,说明了我国在保持高速稳定的经济发展的同时,工业机械产业的发展是有力的支撑点和启动点。2019 年中国仪器仪表制造业进出口贸易总额达 1531. 14 亿美元,同比下降 2.45%,出口额为 649.68 亿美元,进口额为 843.89 亿美元。

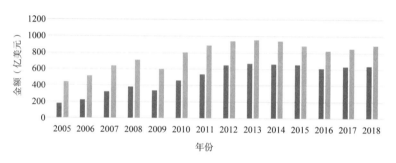

图 93   2005—2019 年中国仪器仪表制造业对外贸易情况
数据来源:全球贸易跟踪系统(Global Trade Tracker,GTT)

从对外贸易市场格局来看,中国仪器仪表制造业产品的主要进口来源国排名前三位的国家(地区)分别为:中国台湾、日本和韩国。其进口金额分别为 123.48 亿美元,120.08 亿美元和 111.50 亿美元。中国仪器仪表制造业产品的出口额排名前三位的国家(地区)分别为:中国香港、美国和日本,其出口金额分别为 114.11 亿美元、80.46 亿美元和 39.85 亿美元。

从 2013—2019 年中国仪器仪表制造业的省市产品进口情况来看,广东省和江苏省进口金额排名靠前,但近年来进口额开始下滑,上海和北京的进口金额位居全国第三和第四位,近年来进口金额呈现增长态势。

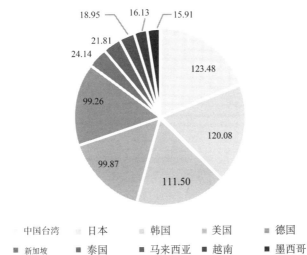

图 94 2019 年中国仪器仪表制造业产品主要的进口来源国家(地区)
数据来源:全球贸易跟踪系统(Global Trade Tracker,GTT)

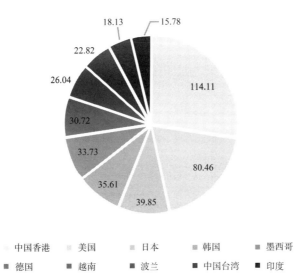

图 95 2019 年中国仪器仪表制造业产品主要的出口国家(地区)
数据来源:全球贸易跟踪系统(Global Trade Tracker,GTT)

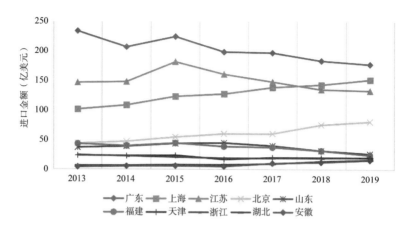

图 96　2013—2019 年中国仪器仪表制造业的省市产品进口额
数据来源：全球贸易跟踪系统(Global Trade Tracker,GTT)

从 2013—2019 年中国仪器仪表制造业的省市产品出口情况来看,广东省和江苏省是我国仪器仪表产品的主要出口省市,其出口金额遥遥领先,其他省市的产品出口金额整体呈现出平稳增长的态势。

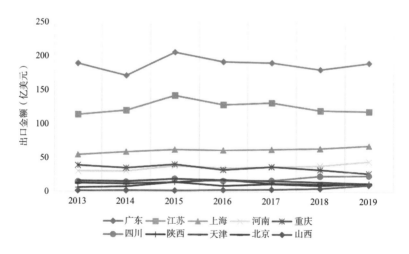

图 97　2013—2019 年中国仪器仪表制造业的省市产品出口额
数据来源：全球贸易跟踪系统(Global Trade Tracker,GTT)

从 2005—2019 年中国仪器仪表制造业发明专利授权量来看,

仪器仪表制造业科研创新能力不断增强,发明专利授权数量显著增长。2019 年全行业发明专利授权量达 45646 件,同比增长 14.13％。

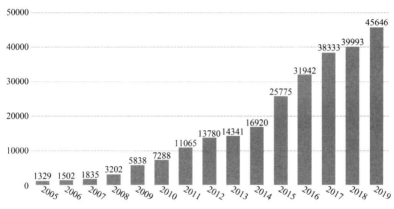

图 98　2005—2019 年中国仪器仪表制造业授权发明专利公开趋势

数据来源:incopat 全球专利数据库

从 2005—2019 年中国仪器仪表制造业授权发明专利的地域分布情况来看,北京市排名第一,授权发明专利数量为 46437 件。江苏省和广东省紧随其后,其中江苏省 27643 件,广东省 25928 件。

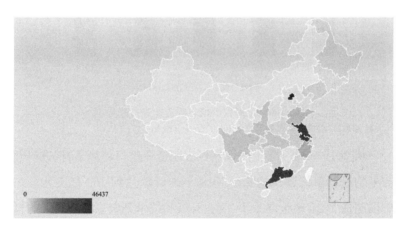

图 99　2005—2019 年中国仪器仪表制造业授权发明专利省市分布

数据来源:incopat 全球专利数据库

三、上海仪器仪表制造业正在升级

上海仪器仪表制造行业发展情况向好,进口贸易规模逐步上升;行业营业收入与利润总额增长情况较为良好,增速在 2018 年有所放缓;利润增长空间的逐步压缩倒逼上海仪器仪表制造行业企业进行战略调整、技术升级,行业随着工业自动化的落地带来技术的进一步革新。

(一) 贸易态势

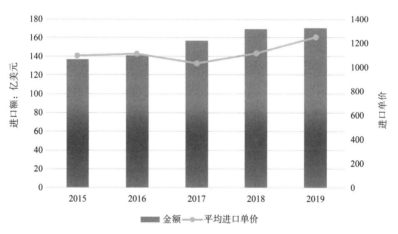

图 100　上海仪器仪表制造业进口趋势

数据来源:全球贸易跟踪系统(Global Trade Tracker,GTT)

从 2015—2019 年上海仪器仪表制造业进口趋势来看,进口额与平均进口单价逐年增长。2019 年进口额达到 169 亿美元。在中国制造 2025 政策背景下,产业升级和技术升级意味着极大的自动化设备需求,从而拉动了仪器仪表制造业的需求。

从 2015 至 2019 年上海仪器仪表制造业全球进口对象来看,

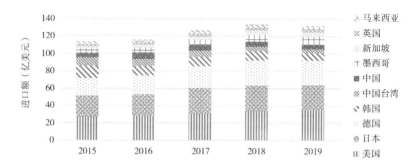

图 101 上海仪器仪表制造业进口全球对象分析
数据来源:全球贸易跟踪系统(Global Trade Tracker,GTT)

主要进口国/地区为美国、日本以及德国,总体变化趋势保持平稳。
日本在近两年内进口份额有所增长,推测由于中国工业自动化进
程逐渐深入,对日本各类精密仪器配件的需求扩大。

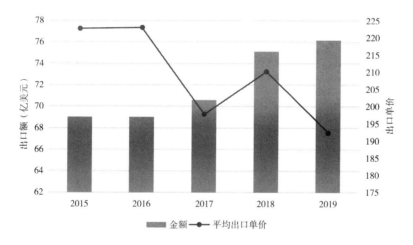

图 102 上海仪器仪表制造业出口趋势分析
数据来源:全球贸易跟踪系统(Global Trade Tracker,GTT)

从 2015—2019 年上海仪器仪表制造业情况来看,出口额逐年
递增,而出口单价有明显下滑。工业自动化的各项政策落地支撑
仪器仪表制造业内在结构性调整,全球物联网的兴起使即使通讯
协议不匹配的设备也可通过协议转换控制器进行转换,因此辐射

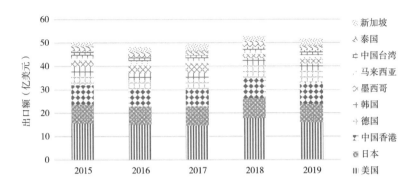

图 103 上海仪器仪表制造业出口全球对象分析

数据来源：全球贸易跟踪系统(Global Trade Tracker，GTT)

出口贸易水平平稳增长。

从 2015—2019 年上海仪器仪表制造业出口对象国情况来看，位居前三位的国家/地区分别美国、日本和中国香港。其中对美出口份额较大，从近六年趋势情况来看出口份额基本维持稳定。

（二）产业态势

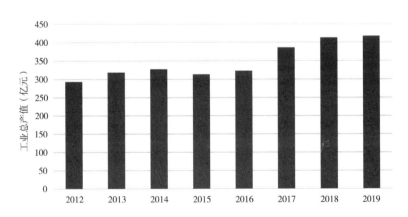

图 104 上海仪器仪表制造业规模以上工业总产值

数据来源：上海统计局

上海仪器仪表制造业规模以上工业企业总产值在近年间稳定上

涨，2019年总产值达到418.17亿元。工业生产自动化升级、技术改造等产业升级需求带动了仪器仪表制造业进入较为景气的增速水平。

表7　上海仪器仪表制造业规模以上工业企业经济效益

年　份	营业收入		利润总额	
	金额（万元）	同比（％）	金额（万元）	同比（％）
2012	3187665	−2.03	275285	−12.26
2013	3462245	7.78	363392	26.08
2014	3522178	2.15	372891	1.18
2015	3363500	−3.50	367600	−0.30
2016	3567700	4.30	423600	12.00
2017	4197400	12.30	520700	19.10
2018	4328600	3.10	521600	1.80
2019	4677200	1.00	555600.00	3.10

上海仪器仪表制造业营业收入与利润总额增长情况较为良好，增速在2018年有所放缓，由于政策支撑与智能制造产业热，自动化产业技术升级快，仪器仪表制造行业增长态势较为明朗。

（三）创新态势

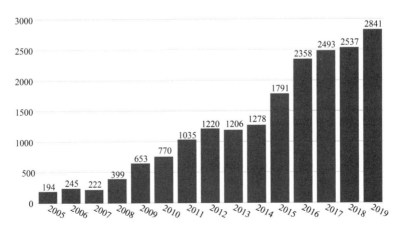

图105　上海仪器仪表制造业领域授权发明专利公开趋势

数据来源：incopat全球专利数据库

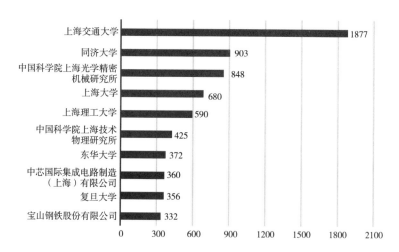

图 106   上海仪器仪表制造业领域发明专利申请企业排名情况
数据来源：incopat 全球专利数据库

从 2005 至 2019 年上海仪器仪表制造业授权发明专利公开趋势来看，上海仪器仪表制造业从 2015 年开始科技创新能力不断提升，2019 年已有 2841 件发明专利授权。行业随着工业自动化的落地带来技术的进一步革新。

从上海仪器仪表制造业专利申请企业排名来看，科研院所在申请人中占比较高。其中上海交通大学申请量领先其他申请人近一倍，有 1877 件发明专利申请。上海应当积极构建以企业为主体、产学研融合的技术创新体系，加强企业技术研发能力，以此实现核心突破。

第六章　全球贸易视角下的上海化学原料和化学制品业

一、全球化学原料和化学制品产业[1]景气回落

2018 年以来,全球化工业景气度有所回落。全球化工领域峰会(World Petrochemical Conference)2019 指出,随着利润水平缩减,化工收益进入平稳期,全球化工行业自 2018 年 10 月首次跌破枯荣线,全球化工企业的营收增速出现同比震荡。整体来看,2019 上半年宏观不确定性持续增强,全球化工景气回落,但地区差异显著。

依照 2018 年进口贸易统计来看,全球化学原料和化学制品业进口贸易额为 12.6 千亿美元,占全球制成品贸易额比重的 10.17%,占全球货物贸易额的 6.42%。从细分类别来看,该领域涉及产品种类较多,主要包括无机化学品、有机化学品、肥料、染料涂料、香料制品、日用化学品、蛋白类物质等大类[2]。其中排名第

---

① 按照我国国民经济行业分类中第 26 大类-化学原料和化学制品制造业进行划分,对应国际标准行业分类 ISIC 体系中 20 大类-化学品及化学制品的制造中的相关行业。

② 根据海关 HS 体系 4 位代码划分,涉及其中第 28 章、29 章,31—38 章中相关的化工类产品。

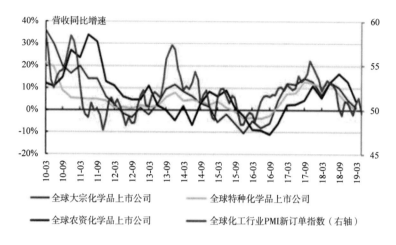

图 107   全球化工领域新订单 PMI 与上市公司营收同比增速

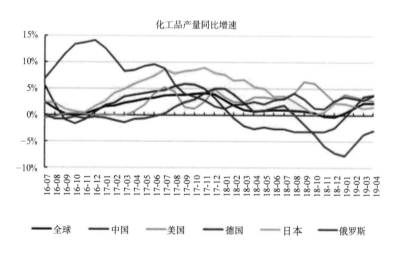

图 108   全球不同地区化工品产量同比增速

一的为有机化学产品,2018 年贸易总额 4.86 千亿美元,占化工领域贸易总额的 38.5%。其次占比较大的领域也包括杂项化学品、香料制品、无机化学品领域,2018 年进口贸易总额分别达到 2.19、1.45、及 1.40 千亿美元。

从该行业占比最大的细分领域中有机化学品的贸易来看,

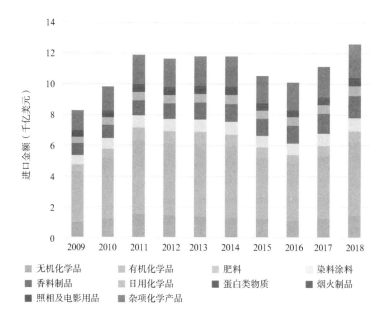

图 109　全球化学原料和化学制品业进口贸易

2018 年全球业进口排名靠前的国家主要集中在美国、亚洲及欧洲地区。其中中国为该类产品全球第一进口大国，2018 年进口总额达 0.67 千亿美元，在全球占比为 13.9％。其次美国进口有机化学品共计 0.55 千亿美元，占全球进口总额的 11.2％。其次进口排名靠前的地区主要有德国、比利时、印度等，全球前十大进口市场年度进口总额在全球占比合计达 63.4％。

根据 2018 年有机化学品领域出口数据来看，全球化学原料和化学制品仍主要集中在美国、亚洲及欧洲地区。其中中国出口总额达 0.60 千亿美元，领跑全球。其次出口量较大的国家包括美国、比利时、爱尔兰、德国等，2018 年出口总额分别为 0.40、0.38、0.33、0.27 千亿美元。综合来看，全球排名前十的地区出口有机化学品总额在全球贸易量中的占比在 67.9％左右，主导着全球主要的化工产品供应链。

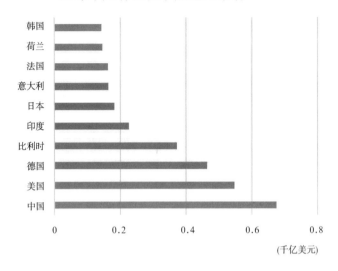

图 110   全球有机化学品主要进口地区贸易情况(2018)

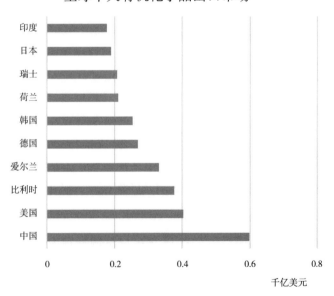

图 111   全球有机化学品主要出口地区贸易情况(2018)

二、中国化学原料和化学制品业市场规模保持在较高水平

石油化工是国家支持的重点领域，其相关化学原料和化学制品与人类生活密切相关，普及到生活的方方面面。近年来，我国经济持续增长，工业化和城市化进程不断加快，住房、交通的发展对能源、原材料形成大规模需求，为化学原料及化学制品制造业的发展提供了良好的经济环境。随着国内行业市场需求的稳定增长，我国化学原料及化学制品制造行业市场规模保持在较高水平。

从近五年中国化学原料和化学制品制造业统计指标来看，中国化学原料和化学制品制造企业的主营业务收入在 2017 年达到顶峰之后，2018 年显著下滑。

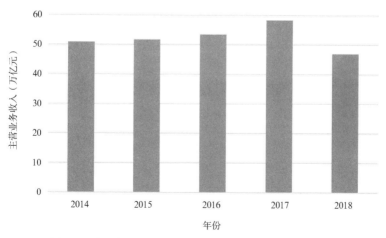

图 112　中国化学原料和化学制品制造企业主营业务收入

数据来源：国家统计局

从近十年中国化学原料及化学制品产业代表产品产量来看，近十年我国原油产量均保持在 20000 万吨左右，每年根据实际情况呈现出一定的波动。乙烯和化学纤维的产量在近十年则呈现出显著的增长态势。

表8　近十年中国化学原料及化学制品制造业代表产品产量

	2018	2017	2016	2015	2014	2013	2012	2011	2010	2009
原油产量（万吨）	18910.56	19150.61	19968.52	21455.58	21142.9	20991.9	20747.8	20287.55	20301.4	18948.96
乙烯产量（万吨）	1840.97	1821.84	1781.14	1714.6	1696.69	1599.31	1486.8	1527.5	1421.34	1072.62
化学纤维产量（万吨）	5011.09	4877.05	4886.36	4831.71	4389.75	4160.28	3837.4	3390.07	3090	2747.3

数据来源：国家统计局

2018 年中国原油①分省市产量前十排名依次为陕西省、黑龙江省、天津市、新疆省、山东省、广东省、辽宁省、河北省、吉林省、河南省。其中，2018 年陕西省原油产量为 3519.49 万吨，位列全国第一。

从 2005—2019 年中国化学原料及化学制品制造业对外对外贸易情况来看，进出口金额在 2014 年之前呈现稳定增长，此后有所下降，2017 年开始又呈现出一定的增长。从进出口总量来看，2014 年之前中国化学原料及化学制品制造业对外对外贸易进口额大于出口额，2015 年开始出口额开始接近进口额并超过进口额。2019 年中国化学原料及化学制品制造业进出口贸易总额达 2533.08 亿美元，同比下降 4.89%，进口总额 1215.60 亿美元，出口总额 1212.72 亿美元。

---

①　原油是化学原料和化学制品产业领域的重要产品，因此本节以原油产量作为代表该产业产品产出分析的依据之一。

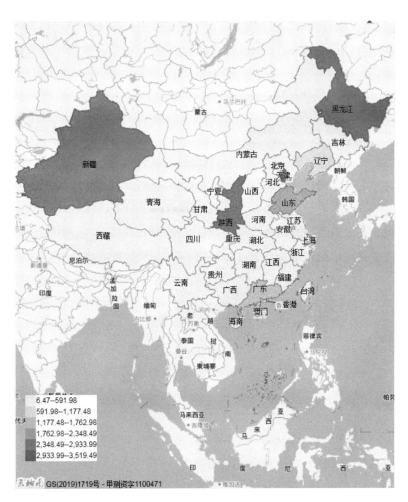

图 113　2018 年中国各省市的原油产量分布
数据来源:国家统计局

————————————

① 检索时间:2020 年 3 月 17 日。

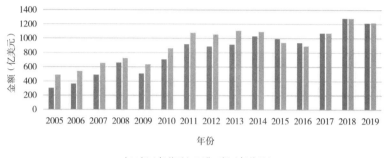

图 114　2005—2019 年中国化学原料及化学制品制造业对外对外贸易情况
数据来源：全球贸易跟踪系统(Global Trade Tracker,GTT)

从对外贸易市场格局来看，中国化学原料及化学制品制造业产品的主要进口来源国排名前三位的国家分别为：韩国、日本和美国。其进口金额分别为 203.79 亿美元，193.96 亿美元和 111.34亿美元。中国化学原料及化学制品制造业产品的出口额排名前三

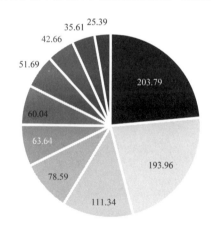

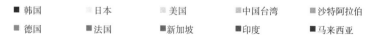

图 115　2019 年中国化学原料及化学制品制造业
产品主要的进口来源国家(地区)
数据来源：全球贸易跟踪系统(Global Trade Tracker,GTT)
单位：亿美元

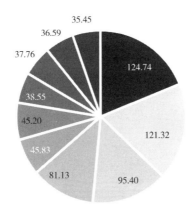

35.45
36.59
37.76
38.55
45.20
45.83
81.13
95.40
124.74
121.32

■印度　美国　韩国　日本　巴西　越南　泰国　印度尼西亚　荷兰　德国

图 116　2019 年中国化学原料及化学制品制造业
产品主要的出口国家(地区)
数据来源:全球贸易跟踪系统(Global Trade Tracker,GTT)
单位:亿美元

位的国家(地区)分别为:印度、美国和韩国,其出口金额分别为
124.74 亿美元、121.32 亿美元和 95.40 亿美元。

从 2013—2019 年中国化学原料及化学制品制造业的省市产
品进口情况来看,上海市、江苏省和浙江省的化学原料和化学制品
进口金额排名靠前。2018 年以前,江苏省的进口额远超其他省
市,2019 年上海市的进口金额超越江苏省,位居全国各省份之首。

从 2013—2019 年中国化学原料及化学制品制造业的省市产
品出口情况来看,各省市近年来出口金额均呈现整体增长态势,其
中,江苏省、浙江省和山东省的产品出口金额排名靠前。

从 2005—2019 中国化学原料及化学制品制造业发明专利授
权量来看,2017 年以前该领域的发明专利授权量呈现逐年增长
态势。2017 年开始略有下滑,近年来发明专利授权量略有波动。
2019 年中国在化学原料及化学制品领域的发明专利授权量达
33661 件,同比下滑 4.50%。

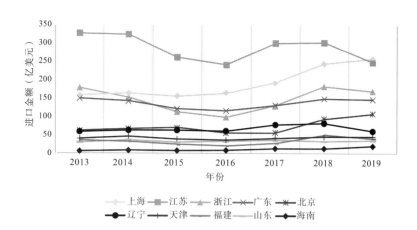

图 117　2013—2019 年化学原料及化学
制品制造业的省市产品进口额
数据来源：全球贸易跟踪系统（Global Trade Tracker，GTT）

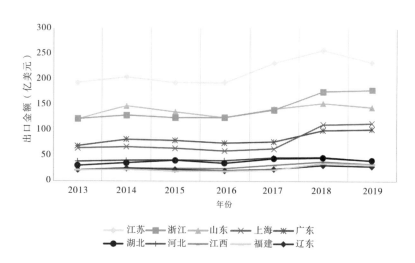

图 118　2013—2019 年化学原料及化学制品
制造业的省市产品出口额
数据来源：全球贸易跟踪系统（Global Trade Tracker，GTT）

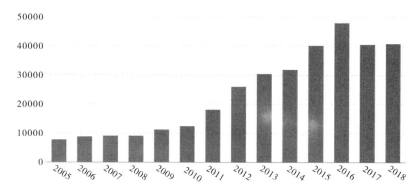

图 119　2005—2019 年中国化学原料及化学制品
制造业授权发明专利公开趋势

数据来源:incopat 全球专利数据库

从 2005—2019 年中国化学原料及化学制品制造业授权发明专利的地域分布情况来看,北京市排名第一,授权发明专利数量为 37316 件。江苏省和广东省紧随其后,其中江苏省 36587 件,广东省 26663 件。

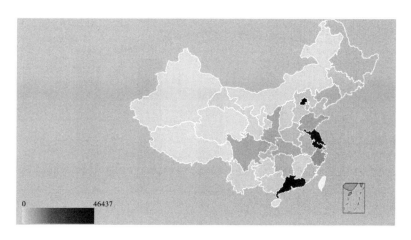

图 120　2005—2019 年中国化学原料及化学
制品制造业授权发明专利省市分布

数据来源:incopat 全球专利数据库

三、上海化学原料和化学制品业经济效益增长较快

上海化学原料和化学制品制造业贸易形势近年内有所好转，然而在终端消费降级的背景影响下细分领域进口依赖依然较为严重；上海产业效益则保持较快增长态势，但以原油加工量、乙烯产量等为代表的上游指标持续下降，需要警惕全球经济下行产能过剩的可能；科技创新情况较为稳定，能够较好地助力上海化学原料和化学制品制造业进行产业结构化调整，向高附加值领域发展。

（一）贸易态势

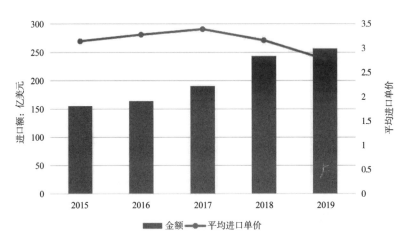

图 121　上海化学原料和化学制品制造业进口趋势

数据来源：全球贸易跟踪系统（Global Trade Tracker, GTT）

从 2015—2019 年上海化学原料和化学制品制造业进口趋势

来看,进口金额逐年递增,2019 年进口总额达到 256 亿美元,同比增长 27.52%,而进口单价在近两年有小幅下滑。当前全球经济增长疲软、国内终端消费降级的背景下,上海化学原料与化学制品制造业的进口依赖依然较为严重。

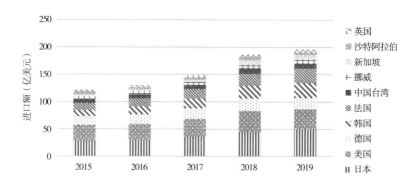

图 122　上海化学原料和化学制品
制造业进口全球对象

数据来源:全球贸易跟踪系统(Global Trade Tracker,GTT)

从 2015—2019 年上海化学原料和化学制品制造业全球进口对象来看,从日本、美国以及德国进口的化学原料及制品位居前三位,并且每年的进口份额均呈现增长态势。中国在国际分工中拥有较为完善的前端产业链,对全球原油进口依赖不断提升,特别对美国包括原油、天然气、液化石油气的进口量逐年增加,上海化学原料及化学制品制造业产业需求端进口代替压力日渐增大。

2015—2019 年上海化学原料和化学制品制造业重点产品为有机化学品、涂料染料以及精油香料,从进口情况来看,主要有机化学品进口份额较高,且呈现逐年增长态势,其进口单价相对较为稳定,精油香料的进口份额与进口单价在近五年内有明显增长。具体来说,上海国际货物贸易中除去大宗有机化学品类具有较高出口优势外,在香料制品、日用化妆品等细分领域的进口依赖现象仍然较为严重。

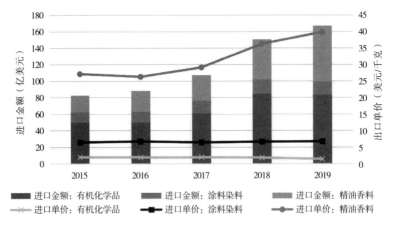

图 123　上海化学原料和化学制品制造业重点产品进口情况①
数据来源:全球贸易跟踪系统(Global Trade Tracker,GTT)

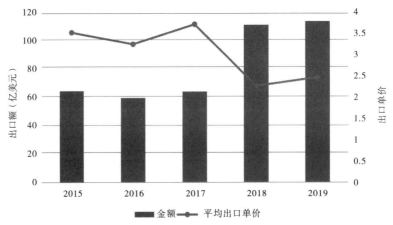

图 124　上海化学原料和化学制品制造业出口趋势
数据来源:全球贸易跟踪系统(Global Trade Tracker,GTT)

---

① 依据海关数据统计的进出口规模并结合行业需求特点,选取有机化学品、涂料燃料以及精油香料作为上海化学原料和化学制品制造业进出口贸易重点产品,下同。

　　与进口形势类似,2015—2019 年上海化学原料和化学制品制造业出口趋势持续向好,2019 年出口额达到 113 亿美元,出口单价有所滑落。出口增长快速反映了在能源结构升级与环保需求的共同辐射下全球能源消费需求的提升。

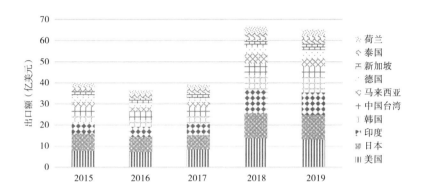

图 125　上海化学原料和化学制品制造业出口全球对象
数据来源:全球贸易跟踪系统(Global Trade Tracker,GTT)

　　从 2015—2019 年上海化学原料和化学制品制造业出口对象国情况来看,位居前三位的国家分别是美国、日本以及印度。其中美国与日本的出口额较为接近。近五年来,上海对美国出口化学原料和化学制品较为稳定,这是由于中美两国在国际分工中的互补特性所决定,美国对中国基础化工原料较为依赖,进口来料之后加工成毛利更高的精细化工和终端品。而对日本与印度的出口增长加快推测主要源于天然气消费需求增长。从全球范围来看,储量分布的高度不均衡导致天然气主要消费国与生产国存在错配,由此催生天然气国际贸易的快速发展。

　　从上海化学原料和化学制品制造业重点产品出口情况观察,有机化学品在近五年内出口量有明显提升,精油香料与涂料染料基本维持原有水平。

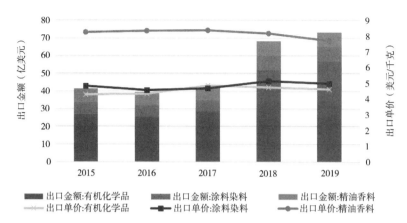

图 126　上海化学原料和化学制品制造业重点产品出口情况
数据来源：全球贸易跟踪系统(Global Trade Tracker，GTT)

（二）产业态势

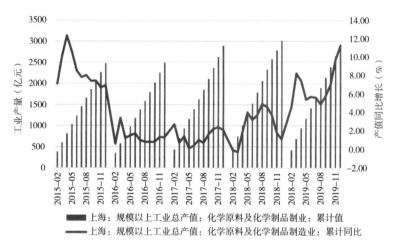

图 127　上海化学原料和化学制品制造业产值情况
数据来源：上海统计局

上海化学原料和化学制品制造业规模以上工业总产值在近五年内有较高增长，2019 年全年规模以上工业总产值达到 2929.14亿元，相比去年同期增长 11.2%。累计同比增长始终维持正增长水平。世界经济仍面临很大不确定性，下行压力较大，因此未来市场需求增长或许放缓，上海化学原料和化学制品制造业高位的产值同时需要警惕产能过剩的现象。

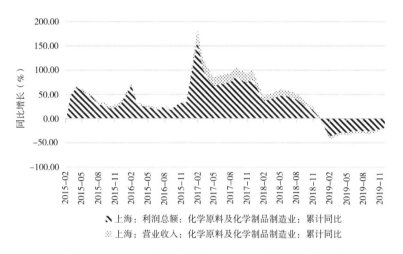

图 128　上海化学原料和化学制品制造业经济效益情况

数据来源：上海统计局

上海化学原料和化学制品制造业规模以上工业经济效益来看，利润总额几乎保持不变，而主营业务收入在 2016—2017 年间有过较大的提升，至 2019 年翻为负值。侧面表明上海化学原料和化学制品制造业产品依然维持在大宗原材料领域贸易，高附加值产品难以体现，因此营收变化带动不了利润总额的增长。化学原料和化学制品制造业亟需进行产业结构调整。

上海化学原料和化学制品制造业主要产品以乙烯、纯苯、化学试剂、合成洗涤剂以及原油加工量五个来看，2018 年下半年以来上海化学原料及化学制品领域整体呈现明显下降趋势，多项产品产量明显低于前两年平均水平。2019 开始上海乙烯产能开始出

---

①　依据上海统计局规模以上工业主要产品产量，选取乙烯作为上海化学原料和化学制品制造业主要产品进行分析。

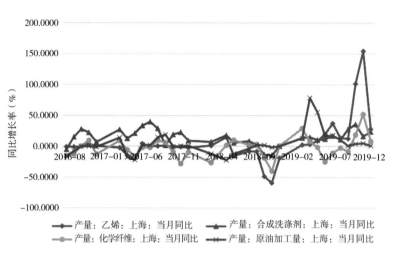

图 129　上海化学原料和化学制品制造业主要产品产量①

数据来源：上海统计局

现爆发式增长势头，11 月乙烯当月同比达到 154%，增幅达近五年来最高水平，随着众多大型炼化一体化装置的投产，加上中美关系缓和带来的乙烷裂解项目陆续上马，促使国内乙烯产能迎来井喷式增长。然而由于 2020 年国际原油市场价格战的打响，预计未来乙烯产能将会受到较大影响，需提前预警防范。

（三）创新态势

从 2005 至 2019 年上海化学原料和化学制品制造业授权发明专利公开趋势来看，从 2011 年化学原料和化学制品制造业科技发展开始增长，近七年每年的授权发明专利已稳定在近 2000 件。行业科技创新具有系统复杂、资金投入大、周期长等一系列特点，因此目前上海该产业使用的技术大多数仍处于追随和仿制阶段，上海化学原料和化学制品制造业产业关联度高，经济总量大，对促进相关产业升级和拉动经济增长具有举足轻重的作用，因此科技创

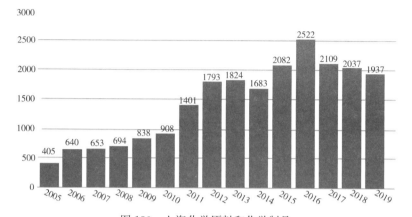

图130　上海化学原料和化学制品
制造业领域授权发明专利公开趋势

数据来源：incopat 全球专利数据库

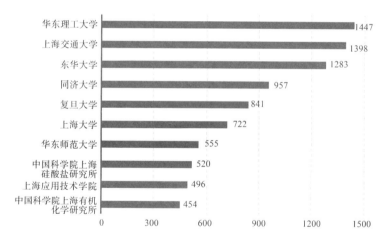

图131　上海化学原料和化学
制品制造业发明专利申请企业排名

数据来源：incopat 全球专利数据库

新能力的提升对行业而言极为重要。

　　从上海化学原料和化学制品制造业专利申请企业排名来看，主要申请人为科研院校，且申请数量差距较小。华东理工大学与上海交通大学的申请量均在1300件以上。

第七章　全球贸易视角下的上海金属制品业

一、全球金属制品业[①]在波动中前行

2018 年,在全球经济增长缓慢的背景下,全球金属矿产品市场呈现震荡格局,2018 年下半年,受到贸易战升级的影响,国际矿产品价格开始回落,且跌幅明显。以铜为例,2018 年 6 月曾创下 7348 美元/t 的四年来新高,但是从下半年开始下跌,最低跌至 5773 美元/t,跌幅 27%。其他金属,如铝、铅锌、镍、锡等也出现类似的走势。从主要产品产量来看,2018 年全球金属产量增长势头放缓,主要金属产量表现低迷。世界金属统计局(WBMS)公布 2018 年报告显示,全球基本金属品种中,仅有镍的产量较 2017 年同期出现显著增加,铜、铝、铅产量基本持平,锌、锡产量萎缩。

依照 2018 年进口贸易统计来看,全球金属制品进口贸易额为 13.5 千亿美元,占全球制成品贸易额比重的 4.45%,占全球货物

---

① 按照我国国民经济行业分类中第 33 大类-金属制品业进行划分,对应国际标准行业分类 ISIC 体系中 25 大类-金属制品的制造中的相关行业。

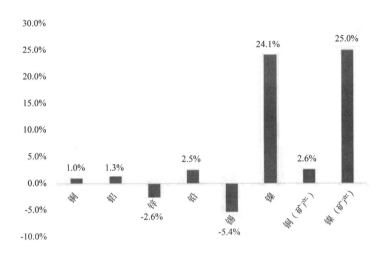

图 132　2018 年全球主要金属矿产品产量增长情况(%)

贸易额的 2.81%。从细分类别来看,其大类产品主要包括钢铁、铜、铅、锡、镍金属及其相关加工制品①。从不同金属制品贸易额来看,全球金属制品贸易以钢铁制品为主,2018 年全球钢铁及其相关制品进口贸易总额 7.58 千亿美元,占金属制品领域贸易总额的 56.0%。其次占比较大的产品为铝制品、铜制品、及镍制品,2018 年进口贸易总额分别达到 1.95 千亿美元、1.69 千亿美元及0.29 千亿美元。

从该行业占比最大的细分领域贸易量来看,2018 年全球钢铁制品进口排名靠前的国家主要集中在欧洲及亚洲地区。其中德国为该类产品全球第一进口大国,2018 年钢铁制品进口总额达 0.33千亿美元,在全球占比为 7.6%。其中中国进口该类产品共计0.22 千亿美元,占全球进口总额的 5.2%。其次进口排名靠前的地区主要有美国、意大利、土耳其等,全球前十大进口市场年度进口总额在全球占比合计达 44.9%。

①　根据海关 HS 体系 4 位代码划分,涉及其中第 72—83 章中相关的金属制品。

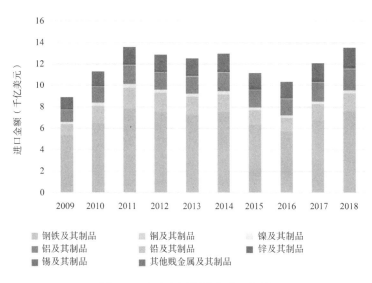

图 133　全球金属制品业进口贸易

全球十大钢铁制品进口市场

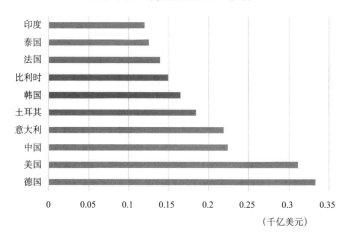

图 134　全球钢铁制品主要进口地区贸易情况（2018）

根据 2018 年钢铁制品出口数据来看,全球金属贸易仍主要集中在欧亚版块。其中中国出口总额达 0.47 千亿美元,领跑全球。其次出口量较大的国家包括日本、德国、韩国、俄罗斯等,2018 年出口总额分别为 0.30、0.29、0.25、0.25 千亿美元。综合来看,全球排名前十的地区出口钢铁制品总额在全球贸易量中的占比在77.9%左右,主导着全球主要的钢铁产业供应链。

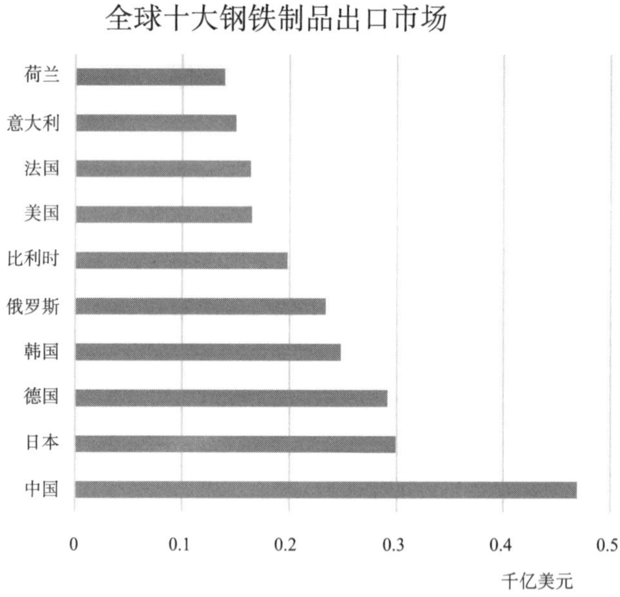

全球十大钢铁制品出口市场

图 135 全球钢铁制品主要出口地区贸易情况(2018)

二、中国金属制品业步入调整发展期

金属制品行业包括结构性金属制品制造、金属工具制造、集装箱及金属包装容器制造、不锈钢及类似日用金属制品制造等。随着社会的进步和科技的发展,金属制品在工业、农业以及人们的生活各个领域的运用越来越广泛,也给社会创造越来越大的价值。目前,我国冶金及金属制品产业已形成具有相当规模,布局比较合理,大、中、小型企业相结合,行业比较完整的工业体系。

近年来,随着消费结构不断升级和工业化、城镇化进程加快,带动了钢铁和其他金属制品等行业的快速增长。从近五年中国金属制品制造业统计指标来看,2014—2017 年中国金属制品制造产业企业的主营业务收入逐年增长,2018 年则明显下滑。

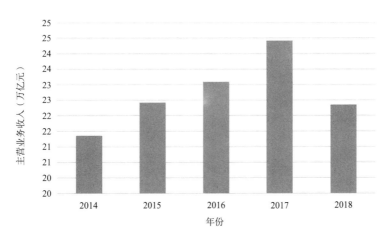

图 136　中国金属制品制造企业主营业务收入

数据来源:国家统计局

从 2005—2018 年中国有色金属产量来看,10 种有色金属产量呈现平稳增长态势。2018 年全年,中国 10 种有色金属产量为34856.9 万吨,同比增长 0.13%。

从 2005—2019 年中国金属制品业对外对外贸易情况来看,金属制品进出口金额呈现明显的波动。从进出口总金额来看,中国金属制品制造业整体呈现出口大于进口的态势。2019 年中国金属制品业进出口贸易总额达 2795.79 亿美元,同比下降 4.40%,

进口总额 946.18 亿美元,出口总额 1831.61 亿美元。

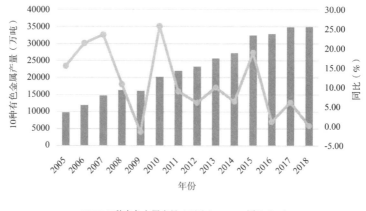

图 137　2005—2018 年中国 10 种有色金属产量

数据来源:国家统计局

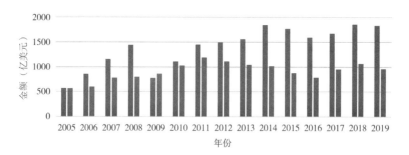

图 138　2005—2019 年中国金属制品制造业对外对外贸易情况

数据来源:全球贸易跟踪系统(Global Trade Tracker,GTT)

从对外贸易市场格局来看,中国金属制品制造业产品的主要进口来源国排名前三位的国家分别为:日本、韩国和智利。其进口金额分别为 128.51 亿美元,88.34 亿美元和 74.15 亿美元。中国金属制品制造业产品的出口额排名前三位的国家(地区)分别为:美国、韩国和越南,其出口金额分别为 212.21 亿美元、113.36 亿美元和 91.44 亿美元。

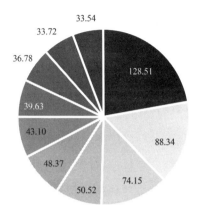

图 139　2019 年中国金属制品制造业产品主要的进口来源国家（地区）
数据来源：全球贸易跟踪系统（Global Trade Tracker, GTT）
单位：亿美元

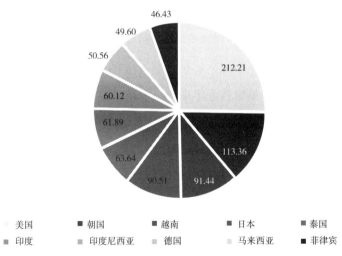

图 140　2019 年中国金属制品制造业产品主要的出口国家（地区）
数据来源：全球贸易跟踪系统（Global Trade Tracker, GTT）
单位：亿美元

从 2013—2019 年中国金属制品业的省市产品进口情况来看，各省市的进口金额变化趋势各异,上海、广东和江苏的金属制品制造业进口额在 2016 年之前呈现下滑态势,近年来有所回升,但 2019 年又呈现明显的下滑趋势。浙江省自 2017 年以来金属制品进口额增长显著,2018 年浙江省的进口金额超过江苏省位居全国第三。

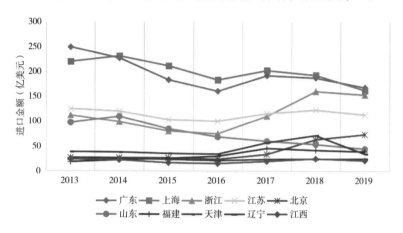

图 141　2013—2019 年中国金属制品制造业的省市产品进口额
数据来源:全球贸易跟踪系统(Global Trade Tracker,GTT)

从 2013—2019 年中国金属制品制造业的省市产品出口情况来看,除了上海市和福建省近年来出口金额呈现下滑态势之外,其他省市的产品出口金额整体呈现出稳中有进态势。其中,广东、上海和浙江的产品出口金额排名位居全国前三。

从 2005—2019 年中国金属制品制造业发明专利授权量来看,2015 年开始该领域的发明专利授权量开始呈现明显的飞跃,从 2014 年的 6469 件增长至 2015 年的 13176 件,涨幅达 103.68%。2019 年,中国在金属制品领域的发明专利授权量为 16959 件,同比下滑 5.84%。

从 2005—2019 年中国金属制品制造业授权发明专利的地域分布情况来看,江苏省排名第一,授权发明专利数量为 17746 件。浙江和广东紧随其后,其中浙江省 13742 件,广东省 13695 件。

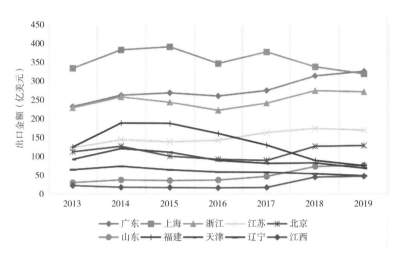

图 142 2013—2019 年中国金属制品制造业的省市产品出口额
数据来源:全球贸易跟踪系统(Global Trade Tracker,GTT)

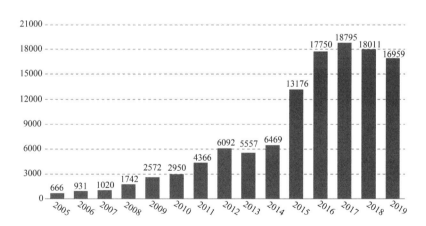

图 143 2005—2019 年中国金属制品制造业授权发明专利公开趋势
数据来源:incopat 全球专利数据库

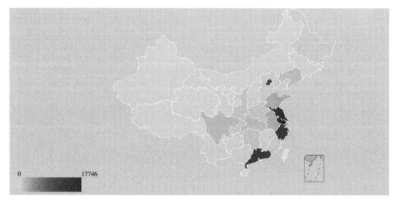

图 144　2005—2019 年中国金属制品制造业发明专利授权量省市分布

数据来源：incopat 全球专利数据库

三、上海金属制品业产业结构面临提升

从国际贸易情况来看，近年来上海进口依赖正在逐步减弱，但对外贸易依然呈现较大逆差；市场规模在稳步扩大，然而集约化程度不高，导致行业营收利润提升有所滞缓；行业创新能力依然需要进一步提升来调整产业结构，避免市场存在过多的恶性竞争。

（一）贸易态势

从 2015—2019 年上海金属制品制造业进口趋势来看，进口额与平均进口单价保持稳定发展，近三年内略有下滑，2019 年进口额为 162 亿美元，表明上海金属制品制造业国产替代能力正在逐步增强。金属制品制造业是具有一定技术含量的劳动密集型产业，并且主要面向国内市场，因此整体而言进口贸易额大于出口贸易额。

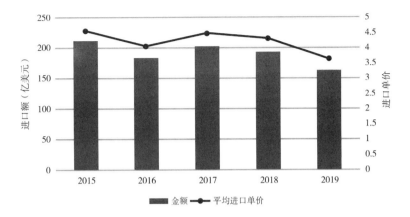

图 145 上海金属制品制造业进口趋势
数据来源:全球贸易跟踪系统(Global Trade Tracker,GTT)

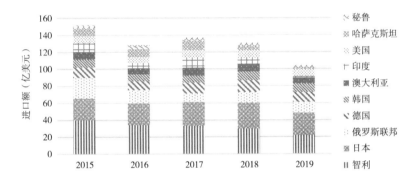

图 146 上海金属制品制造业进口全球对象分析
数据来源:全球贸易跟踪系统(Global Trade Tracker,GTT)

从 2015 至 2019 年上海金属制品制造业全球进口对象来看,主要进口国/地区为智利、日本以及俄罗斯,各国进口份额均在逐步降低。尤其是来自智利的进口,2019 年相比 2013 年已下降逾 20%。智利铜矿产量丰富,上海主要从智利进口铜及其制品等原料再进行二次加工,进口额的逐年递减表明上海金属制品制造业进口依赖降低,对中低端金属制品的需求下降也较为明显。

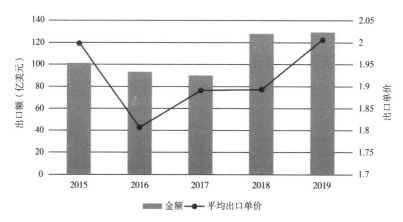

图 147   上海金属制品制造业出口趋势分析
数据来源：全球贸易跟踪系统（Global Trade Tracker，GTT）

2015—2019 年上海金属制品制造业对外出口情况来看，在 2019 年有明显增长，同比增长率达到 41.67%，平均出口单价依旧维持原来水平。

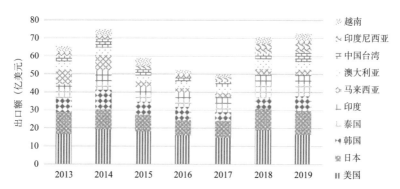

图 148   上海金属制品制造业出口全球对象分析
数据来源：全球贸易跟踪系统（Global Trade Tracker，GTT）

从 2015—2019 年上海金属制品制造业出口对象国情况来看，位居前三位的国家分别为美国、日本以及韩国。其中对美、日的出口份额在 2019 年均有所上升，对美出口额同比增长 27%，对日出口额增长为 30%。可见上海金属制品制造业市场规模正在不断扩大，行业结构性调整也带来了优化效益。

（二）产业态势

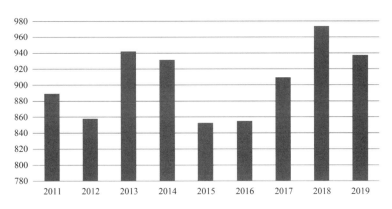

图 149　上海金属制品制造业规模以上工业总产值
数据来源：上海统计局

上海金属制品制造业规模以上工业企业总产值在近年来稳定上涨，2019 年略有下滑，总产值达到 937 万元。工业生产自动化升级带动了金属制品制造业进入较为景气的增速水平，由传统的石材、机械加工、钻探与开发，逐步延伸到航空航天、水处理和医疗等行业，应用的领域的不断拓宽也有效地增加了行业的需求。

表 9　上海金属制品制造业规模以上工业企业经济效益

年份	营业收入		利润总额	
	金额（亿元）	同比（%）	金额（亿元）	同比（%）
2011	916.62	9.82	56.83	4.83
2012	882.65	−7.02	53.40	−9.56
2013	971.12	−3.18	54.81	−15.04
2014	964.45	−2.28	52.56	−8.98
2015	886.40	−10.80	44.99	−16.40
2016	916.23	−0.80	48.80	−6.00
2017	1016.66	10.90	53.48	8.40
2018	1081.97	4.70	55.43	−2.40
2019	1096.99	−2.30	51.74	−9.10

数据来源：上海统计局

上海金属制品制造业营业收入增长情况较为良好,2017年营业收入破千亿,利润总额相比则较为震荡,近年来屡次出现负增长。在上海金属制品制造业市场规模不断扩大,营业收入不断增长的同时,其利润收入却始终无法跟上营业收入增速,由此可见行业内部依然存在产能过剩的问题,导致市场供大于需,利润不断下降。这是由于金属制品制造业目前企业较多,行业在中低端市场竞争激烈甚至不惜打价格战来夺取市场份额,形成了不良竞争。产业亟需进行结构化调整,提升产品附加值,减少恶性竞争,从而才能带动金属制品制造业行业总体利润的上升。

(三) 创新态势

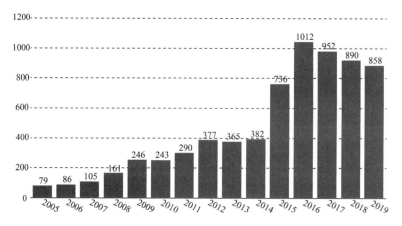

图 150　上海金属制品制造业领域授权发明专利公开趋势

数据来源:incopat 全球专利数据库

从 2005 至 2019 年上海金属制品制造业授权发明专利公开趋势来看,上海金属制品制造业从 2016 年开始科技创新能力不断提升,随后三年有所回落,2019 年领域发明专利授权量为 858 件,科创能力需要进一步提升。

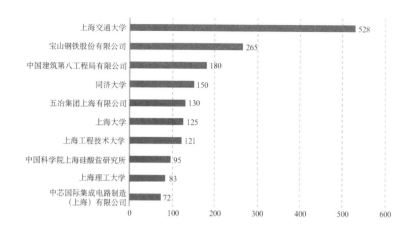

图 151　上海金属制品制造业领域
发明专利申请企业排名情况

数据来源：incopat 全球专利数据库

从上海金属制品制造业专利申请企业排名来看，企业在申请人中占比较高。其中上海交通大学申请量领先其他申请人近一倍，为 528 件发明专利申请。位居第二位宝山钢铁股份有限公司，其专利申请量为 265，第三位为中国建筑第八工程局有限公司，申请量为 180 件。

第八章　全球贸易视角下的上海医药制造业

一、全球医药制造业①稳步增长

医药行业是国民经济的重要组成部分,在整个消费市场中有着举足轻重的地位。近年来,随着世界经济的发展、人口总量的增长、社会老龄化程度的提高以及民众健康意识的不断增强,全球医药行业保持了数十年的高速增长。据测算,2019 年全球药品市场需求将达 12249 亿美元,2015—2019 年全球药品市场需求年均复合增长率将维持在 4%—5% 之间;新兴市场的药品需求增长尤其显著,亚洲(日本除外)、非洲、澳大利亚 2014 年至 2019 年的医药市场增速将达到 6.9%—9.9%,超过同期预计全球 4.8% 的增速水平。

依照 2018 年进口贸易统计来看,全球医药制造业进口贸易额为 6.66 千亿美元,占全球制成品贸易额比重的 2.20%,占全球货

---

① 按照我国国民经济行业分类中第 27 大类-医药制造业进行划分,对应国际标准行业分类 ISIC 体系中 21 大类-药品、药用化学品及植物药材的制造中的相关行业。

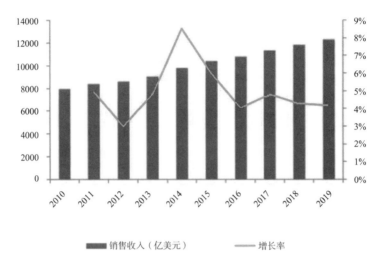

图 152　全球医药市场规模增长情况

物贸易额的 1.39％。从趋势来看，全球生物医药贸易规模自 16 年以来保持平稳增长，其中 2018 年同比增长 10.03％。就产品类别来看，其 93.6％的产品类型为药物制成品，其次包含一定规模的维生素、激素、生物碱、抗菌素等①。

从进口市场来看，2018 年全球药品进口排名靠前的国家主要集中在欧美发达国家。其中美国为全球药品消费第一大国，2018 年药品进口总额达 1.16 千亿美元，在全球占比为 18.6％。其中中国进口该类产品共计 0.28 千亿美元，占全球进口总额的 4.5％。其次进口排名靠前的地区主要有德国、比利时、英国等，全球前十大进口市场年度进口总额在全球占比合计达 63.9％。

根据 2018 年药品出口数据来看，全球主要药品制造商集中在欧洲以及美国。其中德国出口总额达 0.98 千亿美元，领跑全球。其次出口量较大的国家包括瑞士、爱尔兰、美国、比利时等，2018

---

① 根据海关 HS 体系 4 位代码划分，具体涉及其中 29 章及 30 章中的相关产品。

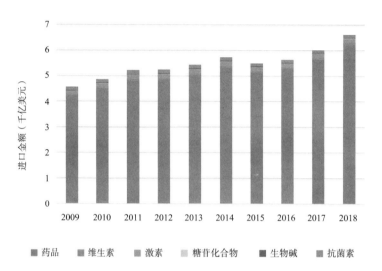

图 153　全球医药制造业进口贸易

全球十大药品进口市场

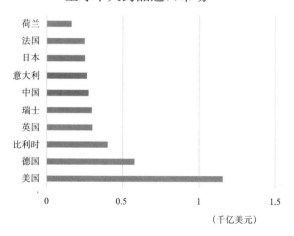

图 154　全球药品主要进口地区贸易情况（2018）

年出口总额分别为 0.75、0.53、0.48、0.475 千亿美元。综合来看，全球排名前十的地区出口药品总额在全球贸易量中的占比在 77.6％左右，主导着全球医药制造业的生产格局。

全球十大药品出口市场

图 155　全国药品主要出口地区贸易情况（2018）

二、中国医药制造业快速发展

2018 年以来，受到原料药价格上涨、环保压力持续增大、消费淡季等多重影响，化学药品原药产量增速呈持续下滑态势。2018 年以来，我国中药材市场行业较为疲软，加之我国药品监督管理的不断规范，导致中成药工业企业的积极性受到影响，中成药产量增速有所放缓。从中国医药制造业企业主营业务收入情况也可以看出，2018 年主营业务收入为 156645 亿元，相比 2017 年下降 14.16％。

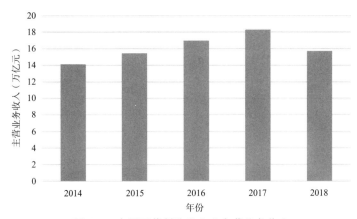

图 156　中国医药制造业企业主营业务收入
数据来源:国家统计局

从 2005—2019 年中国医药制造业对外贸易情况来看,医药制品进出口金额总体呈现平稳增长态势。从进出口总金额来看,2011 年之前中国医药制品制造业呈现出口大于进口的态势。2012 年开始进口金额迅速增长,出口金额则保持相对稳定,因此呈现出进口大于出口的态势。2019 年中国医药制造业进出口贸易总额达 325.92 亿美元,同比增长 12.68%,进口总额 357.21 亿美元,出口总额为 172.71 亿美元。

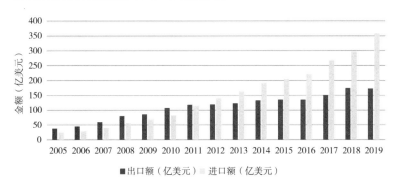

图 157　2005—2019 年中国医药制造业对外贸易情况
数据来源:全球贸易跟踪系统(Global Trade Tracker,GTT)

从对外贸易市场格局来看,中国医药制造业产品的主要进口来源国排名前三位的国家分别为:德国、美国和爱尔兰。其进口金额分别为 89.17 亿美元,50.38 亿美元和 29.42 亿美元。中国医药制造业产品的出口额排名前三位的国家(地区)分别为:美国、印度和德国,其出口金额分别为 29.00 亿美元、17.74 亿美元和 8.08亿美元。

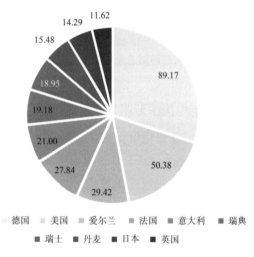

图 158　2019 年中国医药制造业产品主要的进口来源国家(地区)
数据来源:全球贸易跟踪系统(Global Trade Tracker,GTT)
单位:亿美元

从 2013—2019 年中国医药制造业的省市产品进口情况来看,各省市的进口金额变化趋势较为一致,近年来整体呈现平稳增长态势。2018 年上海、北京和江苏的医药产品进口金额位居全国前三。

从 2013—2019 年中国医药制造业的省市产品出口情况来看,浙江省和江苏省的医药产品出口金额近年来显著增长。2016 年开始江苏省的医药产品出口额超过上海和山东,出口额位居全国第二。

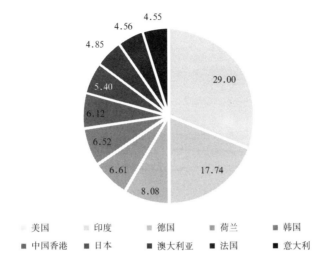

图 159　2019 年中国医药制造业产品主要的出口国家(地区)
数据来源:全球贸易跟踪系统(Global Trade Tracker,GTT)
单位:亿美元

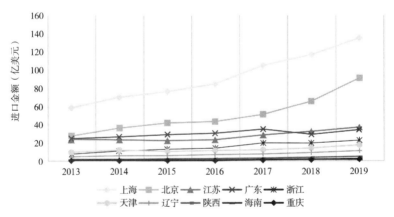

图 160　2013—2019 年中国医药制造业的省市产品进口额
数据来源:全球贸易跟踪系统(Global Trade Tracker,GTT)

从 2005—2019 年中国医药制造业发明专利授权量来看,2015
年以前该领域的发明专利授权量呈现逐年增长态势,2015 年开始
该领域的发明专利授权量略有下降。2018 年开始该领域的发明

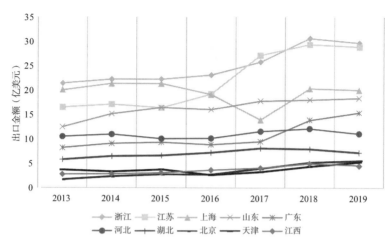

图 161　2013—2019 年中国医药制造业的省市产品出口额
数据来源：全球贸易跟踪系统（Global Trade Tracker，GTT）

专利授权量又开始回升。2019 年,中国在医药制品领域的发明专利授权量为 19301 件,同比增长 24.04％。

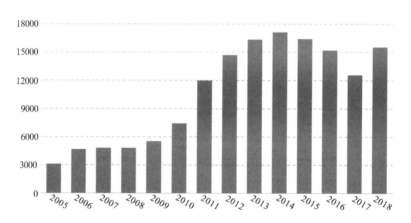

图 162　2005—2019 年中国医药制造业授权发明专利公开趋势
数据来源：incopat 全球专利数据库

从 2005—2019 年中国医药制造业授权发明专利的地域分布情况来看,北京市排名第一,授权发明专利数量为 20194 件。山东省和江苏省紧随其后,其中山东省 20025 件,江苏省 15424 件。

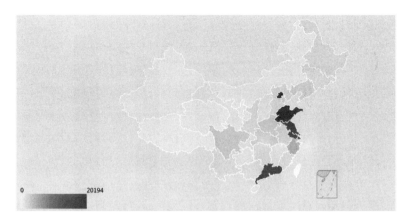

图 163   2005—2019 年中国医药制造业发明专利授权量省市分布
数据来源：incopat 全球专利数据库

三、上海医药制造业营收稳步提升

上海医药制造业整体发展稳定向好，从国际贸易态势来看，2019 年企业货物出口总量显著增加，以激素及衍生物、医用敷料等为代表的细分产品在国际市场中的竞争力有所上升；从产业态势而言，上海生物医药制造企业的经营收益稳步提升，但依然需关注产业链微观要素的波动影响；上海生物医药产业科技创新能力较高，向高附加值产品的研发投入有利于出口结构的持续优化升级。

（一）贸易态势

从 2015—2019 年上海医药制造业进口趋势来看，进口金额与平均进口单价攀升较快，2019 年进口总额达到 134 亿美元，同比增长 11.03%。我国人口老龄化进程的加速催生了大量未满足的医

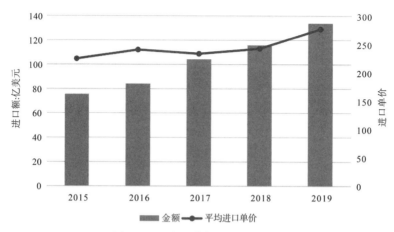

图 164   上海医药制造业进口趋势
数据来源:全球贸易跟踪系统(Global Trade Tracker,GTT)

疗健康需求,同时政策层面来看,抗癌药物的进口税降低、创新药物的加快进口政策促成了生物医药制造行业进口贸易的稳步提升。

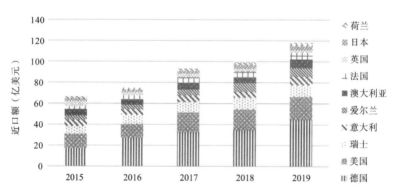

图 165   上海医药制造业进口全球对象
数据来源:全球贸易跟踪系统(Global Trade Tracker,GTT)

从 2015—2019 年上海医药制造业全球进口对象来看,从德国、美国、瑞士进口的医药品类位居前三位,并且每年的进口份额均呈现增长态势。来自欧洲的医药品类进口份额增长一方面来源于中国人口老龄化的加速导致需求的提升,另一方面源于伴随医药供给侧结构性改革,医疗健康支出的持续增加也吸引欧洲生物医药企业对上海市场合作加深。

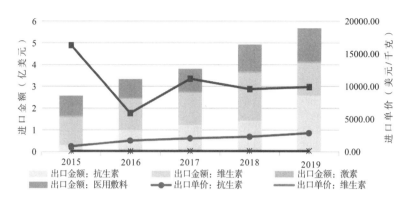

图166 上海医药制造业重点产品进口情况
数据来源:全球贸易跟踪系统(Global Trade Tracker,GTT)

2019年上海生物医药进口产品增长趋势较为明显,四大主要产品中除维生素进口量有较大比例下降外,其他产品均呈现明显增长趋势。其中抗生素药物进口总额达2.57亿美元,同比增长81.54%,单价同比上涨25.09%;激素类产品进口总额为0.023亿美元,同比增长64.66%,单价同比上涨3.44%;医用敷料进口总额1.54亿美元,同比增长24.31%,单价同比增长17.38%。

2015—2019年上海医药制造业出口趋势基本保持稳定,2019年出口额达到20亿美元,出口单价略有波动。侧面反映上海医药企业在国际注册认证、研发、国际市场营销、全球范围内的资源组合等方面的能力继续提高,医药出口的产品格局和市场格局都在发生深层次变化,同时,受益于上海自由贸易港建设的推进,上海企业在医药流通环节中的优势进一步体现。

从上海医药制造业出口对象国情况来看,位居前三位的国家分别是美国、澳大利亚以及印度。其中美国出口份额较大,对爱尔兰出口份额增速最快,这是由于美国、欧盟、印度等主要市场需求

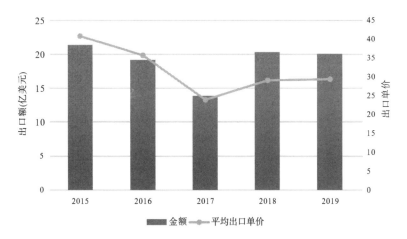

图 167 上海医药制造业出口趋势

数据来源：全球贸易跟踪系统（Global Trade Tracker，GTT）

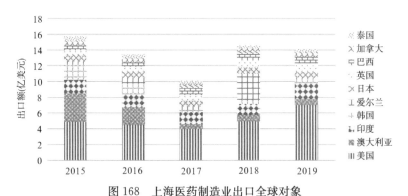

图 168 上海医药制造业出口全球对象

数据来源：全球贸易跟踪系统（Global Trade Tracker，GTT）

复苏并有望保持稳定增长；制剂、诊疗设备等产品对欧美市场出口明显加快；大宗原料药、医疗器械类产品在全球医药市场中的刚性需求没有改变，出口量和价格正逐步随着全球经济复苏而回升。然而值得注意的是上海对澳大利亚的出口近六年来急速减少，反映了医药贸易摩擦影响不容忽视。

2019 年上海生物医药领域出口贸易发生较大波动。其中占比最大的维生素类产品全年出口总额 2.53 亿美元，同比下降

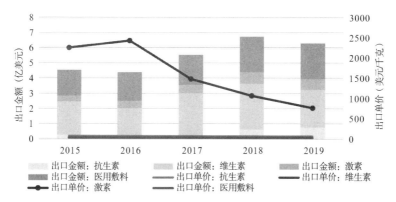

图 169　上海医药制造业重点产品出口情况

数据来源:全球贸易跟踪系统(Global Trade Tracker,GTT)

16.81%,产品单价基本与去年持平。抗生素全年出口总额 0.72 亿
美元,同比增长 22.13%,产品单价同比下降 4.30%。其次医用敷料
全年出口总额增长 0.53%,产品单价上涨 11.90%,激素类产品全年
出口总额下降 7.53%,产品单价下降 28.47%。以激素及衍生物、医
用敷料等为代表的细分产品在国际市场中的竞争力有所上升。

(二) 产业态势

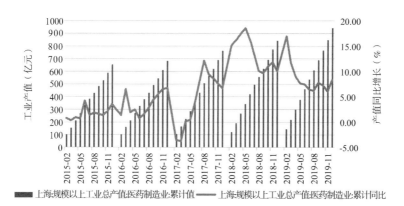

图 170　上海医药制造业规模以上工业总产值物

数据来源:上海统计局

上海医药制造业规模以上工业总产值在近五年内有较高增长,2019 年总产值达到 944 亿元,同比增长 8.3%。在国家医疗卫生体制及顶层设计变革推进的背景下,给上海生物医药制造行业带来了产业结构调整和升级,产业链各环节集中度提升,上海医药龙头企业显著受益。

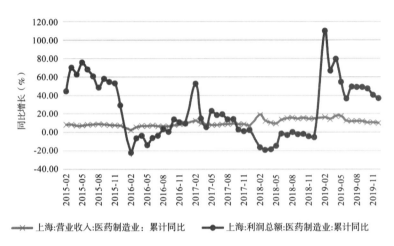

图 171   上海医药制造业经济效益情况
数据来源:上海统计局

上海医药制造业规模以上工业经济效益来看,主营业务收入缓慢向上,而利润总额则波动曲线较大,2019 年呈现正向增长。侧面表明上海医药制造业产品在医改新政频出的背景下,产业链微观要素的波动对公司的经营也带来了较大挑战,企业利润空间压缩的同时也加速了企业战略调整、技术升级的步伐。

(三) 创新态势

从 2005 至 2019 年上海医药制造业授权发明专利公开趋势来

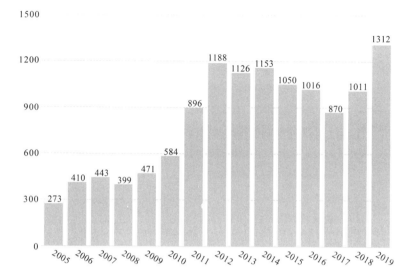

图 172　上海医药制造业领域
授权发明专利公开趋势

数据来源：incopat 全球专利数据库

看，从 2012 年医药制造业科技发展开始迅猛增长，近两年授权发明专利略有回落，但依然保持在每年 1000 件左右。具体而言，在消费端，正在不断加速仿制药的进口替代；在生产端，则提高工艺制造水平，保证药品供应链的安全和稳定性；在研发端，政策层通过制定鼓励仿制药药品目录，引导企业研发。上海生物医药产业将向高科技含量、高附加值、向下游延伸的方向发展，也更有利于出口结构的持续优化升级。

从上海医药制造业专利申请企业排名来看，上海交通大学、中国人民解放军第二军医大学以及复旦大学位居前三，且申请数量接近，均超过 700 件申请量。产学研结合是上海生物医药产业科技自主创新的一个重要模式，以产学研合作激发产业发展原动力，推动上海生物医药产业跨越式发展是在当前中国人口老龄化问题背景下的必然趋势。

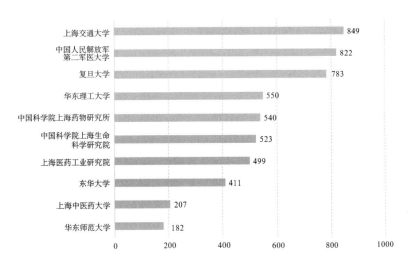

图 173   上海医药制造业领域发明
专利申请企业排名情况

数据来源：incopat 全球专利数据库

第九章　全球贸易视角下的上海食品产业

一、全球食品产业供给不确定性增大

近年来,随着经济全球化的推进,农产品交易范围已从局部、区域性的市场扩展为全球市场。受制于全球气候变化、生物质能

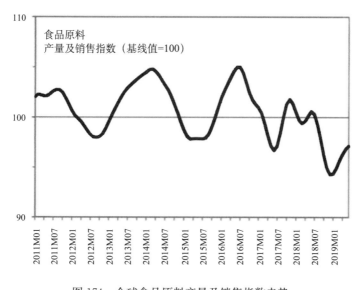

图 174　全球食品原料产量及销售指数走势

源发展、农产品资本化、食品加工技术升级等非传统因素对世界食品市场的影响不断加深，国际农食产品波动加剧，食品市场供给不确定性大大增加。

根据世界贸易组织 2019 年发布的全球货物贸易晴雨表显示，2019 年第三季度全球食品原料生产和销售指数为 97.1，低于基线值 100，行业整体贸易量仍有待复苏。

（一）全球食品产业①贸易结构呈现多样化

依照 2018 年进口贸易统计来看，全球食品产业进口贸易额为 16.38 千亿美元，占全球货物贸易额的 8.35％。从细分类别来看，该领域涉及产品种类较多，主要包括蔬菜、瓜果制品，谷物、面粉及烘焙制品，肉制品，水产品，饮料酒水，职务副产品等②。其中贸易量排名第一的为蔬菜、瓜果制品，2018 年贸易总额 2.72 千亿美元，占食品领域贸易总额的 16.6％。其次占比较大的领域也包括谷物、面粉及烘焙制品、肉制品，水产品，饮料酒水等领域，2018 年进口贸易总额分别达到 2.15、1.272、1.267 及 1.276 千亿美元。

从细分领域贸易分布来看，2018 年全球水果、坚果类产品的主要消费国集中在北美、欧洲及亚洲地区。其中美国为该类产品全球第一进口大国，2018 年额达 0.19 千亿美元，在全球占比为 14.0％。其中中国进口该类产品共计 0.87 千亿美元，占全球进口

① 按照我国国民经济行业分类中第 13 大类-农夫食品加工业、14 -食品制造业、15 -酒、饮料和精制茶制造业进行划分，对应国际标准行业分类 ISIC 体系中 10 大类-食品的制造中的相关行业。

② 根据海关 HS 体系 4 位代码划分，具体涉及其中 1—4 章、7—13 章、15—23 章中的相关农食类产品。

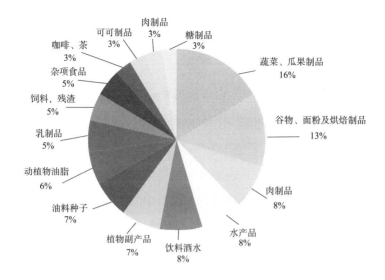

图 175　全球进口食品类型分布（2018 年）

总额的 6.4%。其次进口排名靠前的地区主要有德国、荷兰、英国等，全球前十大进口市场年度进口总额在全球占比合计达 57.6%。

全球十大水果及坚果制品进口市场

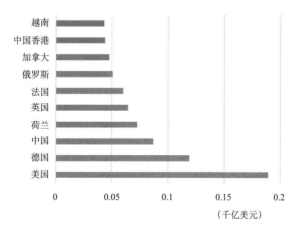

图 176　全球水果及坚果制品主要进口地区贸易情况（2018）

（二）全球肉类食品的出口国主要集中 在欧洲及美国

根据 2018 年肉类产品出口数据来看,全球肉类供应国主要集中在欧洲及美国。其中美国出口总额达 0.17 千亿美元,领跑全球。其次出口量较大的国家包括巴西、澳大利亚、荷兰、德国,2018 年出口总额分别为 0.13、0.10、0.095 千亿美元。综合来看,全球排名前十的地区出口变压器总额在全球贸易量中的占比在 66.9% 左右。

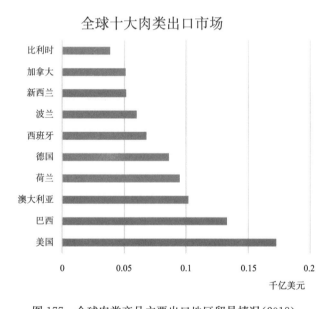

全球十大肉类出口市场

图 177　全球肉类产品主要出口地区贸易情况(2018)

二、中国食品产业增长明显放缓

随着消费结构升级,消费者对食品的营养与健康要求更高,品牌意识不断增强,食品产业发展模式将从量的扩张像质的提升转变,具体表现一是从数量扩张向素质提升转变,二是从提供能量为主向满足能量、营养、功能、甚至情感和文化等多种复合需求转变。中国食品工业经历了近20年的高速发展阶段,近年来出现了增长明显放缓的趋势。目前,我国食品产业正处于不断调整优化、转型升级的进程中,食品产业在保障民生、拉动消费、促进经济与社会发展等方面继续发挥重要的支柱产业作用。

从近五年中国食品产业统计指标来看,中国食品产业企业的主营业务收入在2017年达到顶峰之后,2018年呈现较为明显的下滑态势,2018年的食品产业主营业务收入创造了近五年的历史新低。

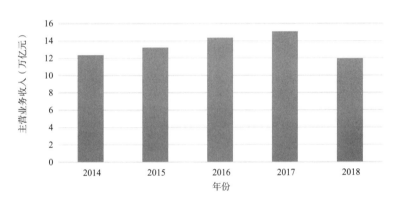

图178　中国食品产业主营业务收入及规上企业增速
数据来源:国家统计局

从2009—2018年中国化学原料及化学制品产业代表产品产量来看,成品糖产量自2009年至2018年期间呈现波浪式起伏增长,2014年糖产量达到峰值。2009—2017年期间,罐头产量呈现相对平稳的持续增长。2009—2014年期间,啤酒产量总体一路走高,自2014年后出现明显下滑态势,其中2017年啤酒产量创造了近8年历史新低。

表 10　近 10 年中国食品产业代表产品产量

	2018	2017	2016	2015	2014	2013	2012	2011	2010	2009
成品糖产量(万吨)	1524.14	1472.04	1443.3	1474.11	1642.67	1592.76	1409.47	1187.43	1117.59	1338.35
罐头产量(万吨)	——	1314.31	1394.86	1309.93	1256.32	1163.62	1043.01	1093.41	980.52	811.65
啤酒产量(万千升、万吨)	——	4401.49	4506.44	4715.6	4936.29	4982.79	4778.58	4834.5	4490.16	4162.18

数据来源:国家统计局

2017 年中国成品糖①产量前五省市分别是广西省、云南省、广东省、辽宁省、新疆。其中,2017 年广西省以 936.20 万吨成品糖产量位居国内第一,云南省以 225.59 万吨紧随其后,但两者之间的差距悬殊,根据国家数据网消息,2017 年全国成品糖产量为 1472.04 万吨,广西省占比同年全国成品糖产量近 63.6%,可见广西省在成品糖行业中的绝对优势。

从 2005—2019 年中国食品产业对外对外贸易情况来看,国内对外进出口金额在 2019 年均实现近 14 年历史新高。2005—2007 年,国内出口金额每年均高于进口金额,自 2008 起连续 12 年每年国内进口金额高于对外出口金额。同时,我国食品产业进出口总额近 14 年以来均保持相对稳定的持续增长,可见人民生活水平提高,生活质量改善,食品多样性的需求增加。

从对外贸易市场格局来看,中国食品产业的主要进口来源国排名前三位的国家分别为:巴西、美国和新西兰。其进口金额分别为 280.88 亿美元,122.50 亿美元和 83.63 亿美元。中国食品产业的出口额排名前三位的国家(地区)分别为:日本、中国香港和美国,其出口金额分别为 98.30 亿美元、90.25 亿美元和 59.99 亿美元。

---

①　成品糖是食品产业领域的重要产品,因此本节以成品糖产量作为代表该产业产品产出分析的依据之一。

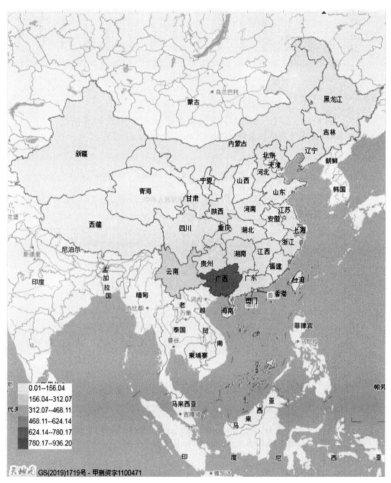

图 179　2017 年中国各省市成品糖产量的分布态势①

数据来源：国家统计局

———————————

① 检索时间：2020 年 3 月 17 日。

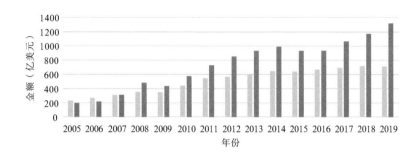

图 180　2005—2019 年中国食品产业对外对外贸易情况

数据来源：全球贸易跟踪系统(Global Trade Tracker,GTT)

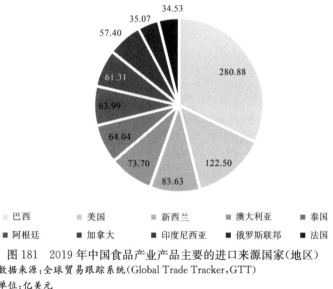

图 181　2019 年中国食品产业产品主要的进口来源国家(地区)

数据来源：全球贸易跟踪系统(Global Trade Tracker,GTT)

单位：亿美元

从 2013—2019 年中国食品产业的省市产品进口情况来看，2017 年之前，广东省、江苏省和山东省的食品产业进口额位居全国前三，但自 2017 年后，均出现明显的下滑态势，其中，江苏省近 3 年食品进口额持续走低。相反，北京市和上海市凭借其地理优势和人口优势，近年来食品进口金额实现了新的突破，与广东省一起跃居全国食品进口额排名前三位的省市。

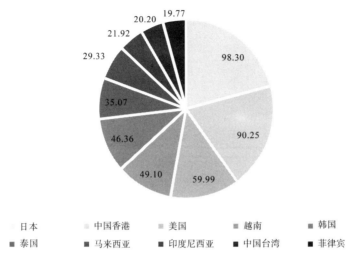

图 182 2019 年中国食品制造业产品主要的出口国家（地区）
数据来源：全球贸易跟踪系统（Global Trade Tracker，GTT）
单位：亿美元

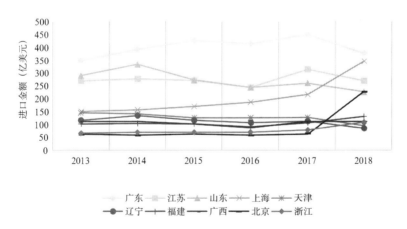

图 183 2013—2019 年中国食品产业的省市产品进口额
数据来源：全球贸易跟踪系统（Global Trade Tracker，GTT）

从 2013—2019 年中国食品产业的省市产品出口情况来看，各省市的出口金额整体呈现出平稳发展态势。其中，山东、广东和福建每年的食品出口金额均位居前三，以山东为最。

从 2005—2019 年中国食品产业发明专利授权量来看，自

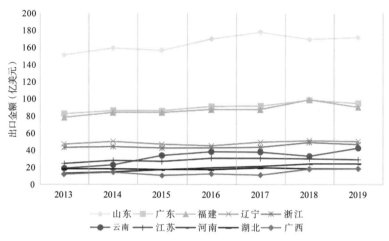

图184　2013—2019年中国食品产业的省市产品出口额

数据来源：全球贸易跟踪系统（Global Trade Tracker，GTT）

2012年起，中国食品产业的发明专利授权量显著增加，从2011年2345件突破到2012年的6405件，至2013年达到峰值，为7658件，2017年后又呈现明显下滑态势，2019年中国食品产业发明专利授权量为2467件。

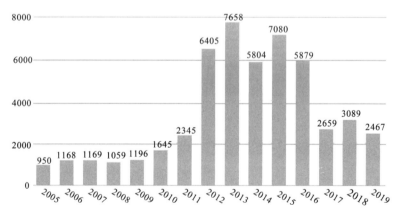

图185　2005—2019年中国食品制造业授权发明专利公开趋势

数据来源：incopat全球专利数据库

从2005—2019年中国食品产业授权发明专利的地域分布情况来看，山东省排名第一，授权发明专利数量为4566件，广东省和浙江省紧随其后,其中广东省4472件,浙江省4260件。从图中可以看出,全国食品产业发明专利授权量具有明显数量优势的省市大部分集中在沿海经济发达地区。

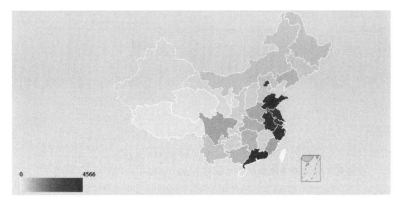

图186　2005—2019年中国食品产业发明专利授权量省市分布
数据来源:incopat 全球专利数据库

三、上海食品产业迎来进口贸易的高速增长

上海食品产业未来发展趋势十分明朗。从国际贸易角度来看,上海食品产业进口贸易稳步提升,国际市场参与度较高;产业规模持续了稳定、高速增长的良好态势;科技创新能力较为薄弱,仍需居安思危,利用专利技术开发食品新产品提升国际市场优势。

(一) 贸易态势

从2015—2019年上海食品产业进口趋势来看,2019年进口额猛增至224亿美元,相对进口单价则有小幅回落。随着国内食品电商行业的不断发展,线上平台的运营模式日益成熟,供应链从

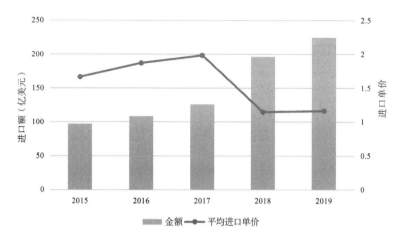

图 187　上海食品产业进口趋势
数据来源:全球贸易跟踪系统(Global Trade Tracker,GTT)

源头到流通全方位升级,助力进口食品呈现爆发式增长,进口食品消费已经逐渐常态化,预计未来随着渠道进一步下沉、"一带一路"进口市场的开放以及中国国际进口博览会的助力,食品进口份额将进一步扩大,平均进口单价也会逐渐降低。

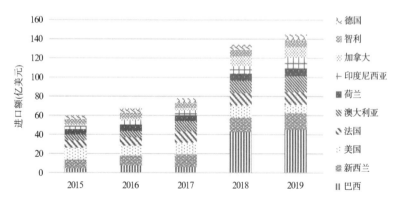

图 188　上海食品产业进口全球对象分析
数据来源:全球贸易跟踪系统(Global Trade Tracker,GTT)

从 2015 至 2019 年上海食品产业进口全球对象来看,主要集中在美国、巴西以及新西兰等农产品行业较为成熟的国家。值得注意的是巴西在 2019 年进口额呈现爆发式增长,达到了 45 亿美元,几乎是同期美国进口额的四倍,据悉是由于 2018 年进博会期间阿里旗下企业与巴西 JBS 集团签署了合计 19 亿美元的生鲜订单。预计在未来,中国食品市场的巨大需求潜力会进一步扩大增长,东南亚、中东等地区进口食品的发展潜力也将得到进一步挖掘。

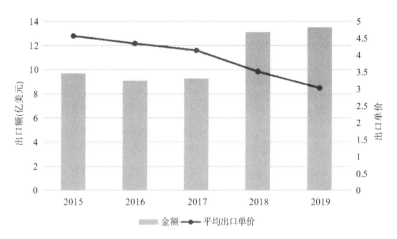

图 189　2013—2018 年上海食品产业出口趋势分析

数据来源:全球贸易跟踪系统(Global Trade Tracker,GTT)

上海食品产业出口在 2019 年同样迎来增量,出口额达到 13 亿美元,同时平均出口单价有所下滑。上海食品产业目前已经逐渐形成了民营企业与外资企业共同发展的具有都市特色的食品产业群,综合竞争力也在不断提升,与此同时由于对食品安全的高度重视,体系完整的食品安全监管系统也为食品产业开拓国际市场提供了有力支撑。

从 2015—2019 年上海食品产业出口对象国情况来看,位居前三位的国家/地区分别是日本、中国香港以及美国,2019 年对这三个国家的出口份额都有明显的增长。表明上海食品产业正在逐步被国际市场接纳。

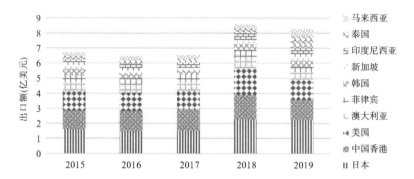

图190 上海食品产业出口全球对象分析

数据来源：全球贸易跟踪系统（Global Trade Tracker，GTT）

（二）产业态势

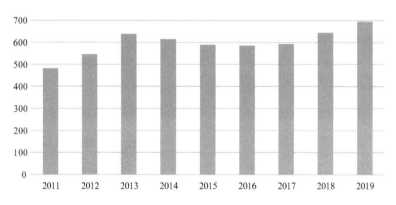

图191 上海食品产业规模以上工业总产值（亿元）

数据来源：上海统计局

上海食品产业规模以上工业总产值从2013年起就稳定在600亿元，2019年工业总产值达到695.35亿元。表明上海全面推进食品工业食品安全追溯制度，建立了食品安全监管体系提高了食品行业的各项能力，也不断增强消费者的信心。

表 11　上海食品产业规模以上工业企业效益

年份	营业收入		利润总额	
	金额（亿元）	同比（%）	金额（亿元）	同比（%）
2011	549.72	15.84	36.73	13.08
2012	634.10	10.36	45.44	23.39
2013	712.29	2.34	45.19	−10.58
2014	712.87	1.82	41.14	−8.73
2015	702.93	−2.70	44.56	9.60
2016	699.37	−1.00	41.99	−6.70
2017	715.36	1.50	66.03	53.90
2018	733.34	4.80	68.25	4.30
2019	816.59	7.50	75.58	10.80

数据来源：上海统计局

　　上海食品产业规模以上工业企业营业收入与利润总额在2019 年达到近九年来的最大值，其中营业收入同比增长 7.5%，利润总额同比增长 10.8%，上海食品产业如今持续了稳定、高速增长的良好态势。

（三）创新态势

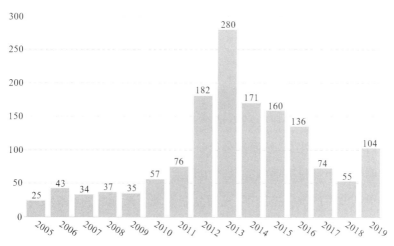

图 192　上海食品产业领域授权发明专利公开趋势

数据来源：incopat 全球专利数据库

　　与迅速增长的产值与进出口情况相比,上海食品产业知识产权创新领域表现平平。2013 年授权发明专利达到峰值 280 个后逐年递减。这与产业本身依赖科技的程度有关,另一方面也需意识到全球食品产业竞争愈加激烈,国际大型食品企业正不断向多领域、全链条、深层次、低能耗、高效益等可持续方向发展,利用专利技术不断开发食品新产品来提升其产品市场优势,上海食品制造企业也应当在科创领域投入一定的研发能力来保证在国际市场中的竞争力。

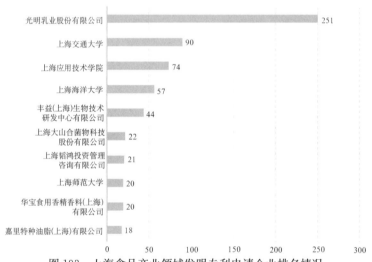

图 193　上海食品产业领域发明专利申请企业排名情况
数据来源:incopat 全球专利数据库

　　从上海食品产业专利申请企业排名来看,科研院校在申请人中占了较大的比重,然而排名第一的为光明乳业股份有限公司,其发明专利申请量遥遥领先其他申请人。乳品行业竞争始终激烈,在伊利蒙牛的市场挤压下,光明乳业必须不断加强其科学技术来保证产品的市场竞争力。

第十章　全球贸易视角下的风险防范

随着经济全球化的纵深推进,上海的对外贸易规模不断扩大,贸易网络的空间结构不断扩展,已经成为全球贸易网络格局中的重要节点。当前,国际形势日趋错综复杂,全球经济发展面临新的风险挑战,其影响也将反映在上海产业的发展上。面对新的风险和挑战,唯有积极主动的应对,充分利用好产业革命带来的新机遇、新技术、新业态和新模式,才能不断提升抵御国际贸易摩擦风险的能力,促进产业的健康发展。

一、全球贸易视角下的风险挑战

2018年以来,全球复苏放缓、增长分化,上海产业发展也面临着更加错综复杂的环境。一方面,贸易保护主义显著升温,主要经济体贸易摩擦升级,深刻影响了国际产业分工格局与全球价值链体系,导致全球贸易增速放缓,拖累经济复苏进程。另一方面,发达国家(地区)的经济增长放缓,部分新兴经济体持续承压。

2020 年全球新冠肺炎疫情的蔓延引发了大范围内的贸易限制,造成全球货物贸易、服务贸易需求大幅萎缩,给全球贸易需求端造成了非对称冲击。加之 2018 年以来,全球贸易保护主义趋势显著升温,主要经济体贸易摩擦升级,深刻影响了国际产业分工格局与全球价值链体系,导致全球贸易增速放缓,拖累经济复苏进程。在上述风险因素的叠加下,上海产业发展面临着更加错综复杂的环境,主要体现在以下几方面:

(一) 新冠疫情给全球贸易体系带来冲击

2020 年开年以来,新冠肺炎疫情全球蔓延引发各国禁航禁运管制,给贸易往来带来冲击,同时也给国际贸易规则带来一定程度的损害。

从产业链视角来看,本次疫情中凸显的关联风险进一步放大,在疫情重点地区生产受到影响导致供应链上游生产停滞时,未发生疫情的下游产业链国家的生产也受到较大影响。上述供应链之间的关联效应引发了部分国家的忧虑,使得疫情可能成为供应链逆全球化的催化剂。

从贸易壁垒角度来看,疫情期的物流及货物贸易壁垒有长期化的风险。在新冠疫情初期,全球物流运输产生了一定的负面影响,这种影响是短期的。从长期来看,一旦某些国家借助疫情的发展,针对疫情重点国家和地区设置贸易壁垒,或恐成为全球双边贸易的长期负面影响。

从经济合作角度来看,疫情可能带来从供应链的逆全球化到物流、贸易的壁垒,直至其它经济领域合作的破裂,例如在技术授权、货币和财政政策的衔接等。一旦出现这种情况,全球经济秩序和稳定性将受到冲击，或将面临更大的经济波动。

（二）国际贸易保护主义仍在延续

2008 年国际金融危机爆发并在全球迅速蔓延以来，美国等部分国家（地区）趋向于通过保护国内企业和产业等方式重振本国经济，掀起了贸易保护主义浪潮。国际货币基金组织（IMF）在 2016年《全球经济展望》中指出"未来经济增长将出现停滞，而增长的缓慢可能引发反贸易情绪，使保护主义抬头"。

当前，国际贸易保护主义仍在持续蔓延，美国明显转向单边主义和新孤立主义，尤其是 2017 年特朗普政府上任以来对华采取了加征关税、出口管制等多种手段，导致中美双边贸易和合作形势严峻。中美经贸合作是互利双赢关系，对华出口快速增长促进了美国经济增长，对华贸易促进了美国的物价稳定，对华经贸合作促进了美国的产业升级。逆势而行的是，美国以"公平贸易"为借口，行保护主义之实，依据国内法发起"201""232""301"等一系列单边调查并采取单边措施，违反了世界贸易组织规则，损害了多边贸易体制，干扰了全球供应链、产业链和价值链，对经济全球化和国际化分工造成了巨大冲击。除了中美贸易摩擦外，美国与印度、墨西哥、欧洲等双边或多边贸易，以及日本、韩国的双边贸易等，也受到贸易保护主义的冲击。

美国政府发起的贸易保护主义和单边主义，在损害现有国际秩序和国际规则的同时，蔓延至其他国家（地区），都增加了我国和上海产业发展的不确定性因素。我国坚定维护多边贸易体系的努力，为最大限度地降低其影响提供了可能，然而却无法完全消除国际贸易保护主义带来的经贸损害。

表 12 美国特朗普政府采取的部分贸易保护主义或单边主义措施

时 间	措 施
2017 年 1 月 23 日	美国总统特朗普签署行政命令,正式宣布美国退出跨太平洋伙伴关系协定(TPP)
2017 年 3 月 31 日	特朗普签署《有关重大贸易逆差总体报告的总统行政命令》。该命令中强调,美国多年来在若干国际贸易协议或世界贸易组织(WTO)中,始终未获得应获得之利益。该行政命令指示美国商务部与贸易代表署于 90 天内提交《重大贸易逆差综合报告》,《重大贸易逆差综合报告》将分析美国的重大贸易逆差情况,并考虑与美国国家安全有关的进口,从而为特朗普政府根据 301 条或 232 条款对特定国家的钢铁、汽车和其他制成品等行业采取行动)。此后,根据该行政命令,美国于 2017 年 4 月 17 日发布联邦公报,指出美国对中国、日本、德国、墨西哥等 16 国面临重大贸易逆差。
2017 年 3 月 31 日	特朗普签署《有关加强征收与执行反倾销与反补贴、违反贸易及关税法的总统行政命令》,该命令主要内容涉及反规避、加强反倾销反补贴税收的征收等问题。
2017 年 4 月 20 日	特朗普签署加速钢材进口调查备忘录,要求联邦商务部根据 1962 年《贸易拓展法案》第 232 条款的规定,对外国钢铁进入美国市场展开调查。根据这一款,一旦发现外国进口有损美国的国家安全,美国总统有权对外国进口实施紧急贸易制裁。
2017 年 4 月 27 日	特朗普签署铝进口调查备忘录,要求美国商务部根据 1962 年《贸易拓展法案》第 232 条款的规定,对包括来自中国在内的海外铝产品进口展开专门调查。
2017 年 4 月 29 日	特朗普签署了两项新的行政命令:审查《北美自由贸易协定》(NAFTA)和其他三项自由贸易协定,并在白宫设立一个永久性的贸易政策办公室。新设立贸易政策办公室的全称是贸易与制造业政策办公室,用来执行特朗普的"买美国货"政策。
2017 年 8 月 14 日	根据 1974 年《贸易法案》的第 301 节,特朗普签署备忘录,指示其对中国发起 301 调查,调查包括中国的法律、政策、实践、和歧视性的做法和行动。特朗普政府发布报告称,根据 1974 年《贸易法》第 301 条款,中国在技术转让、知识产权和创新方面存在不公平贸易行为。

（续表）

时　　间	措　施
2017 年 10 月 30 日	美国商务部公布了其在铝箔反倾销调查中有关"中国市场经济地位"的调查结论,仍将中国视为"非市场经济国家",并表示在对华反倾销调查中将继续适用"替代国"做法
2017 年 10 月 31 日	美国国际贸易委员会认定,美国太阳能电池板和洗衣机的进口对美国太阳能电池板和洗衣机行业造成损害,建议特朗普总统实施"全球保障"限制
2017 年 11 月 30 日	美国正式通知世界贸易组织(WTO),反对给予中国市场经济地位
2018 年 1 月 12 日	美国贸易代表办公室(USTR)发布恶名市场名单,阿里巴巴等企业被列入其中
2018 年 1 月 22 日	特朗普批准对 85 亿美元的太阳能电池板和 18 亿美元的洗衣机征收全球保障关税
2018 年 2 月 16 日	美国商务部发布报告称,国家安全调查结果显示,根据 1962 年《贸易扩张法案》第 232 条款,进口钢铁和铝产品威胁到了美国国家安全
2018 年 3 月 1 日	特朗普宣布对美国进口的钢铁和铝分别征收 25％和 10％的关税
2018 年 3 月 8 日	特朗普签署命令对美国进口的钢铁和铝分别征收 25％和 10％的关税
2018 年 3 月 22 日	美国贸易代表办公室(USTR)公布《中国贸易实践的 301 条款调查》,认定中国政府在技术转让、知识产权和创新相关的行动、政策和实践是"不合理或歧视性的,对美国商务形成负担或限制"
2018 年 4 月 4 日	美国贸易代表办公室根据《中国贸易实践的 301 调查》报告结论,声明将于 7 月 6 日对 1333 种、总值 500 亿美元的中国商品加征 25％关税
2018 年 4 月 5 日	特朗普发表声明,指示美国贸易代表办公室依据"301 调查",考虑对从中国进口的额外 1000 亿美元商品加征关税是否合适

（续表）

时　间	措　施
2018 年 4 月 16 日	美国商务部产业安全局(BIS)宣布激活对中国第二大电信设备制造商中兴(ZTE)的出口管制措施
2018 年 4 月 27 日	美国贸易代表办公室(USTR)发布《特殊 301 报告》,将 12 个国家列入"重点观察名单"(中国、阿尔及利亚、阿根廷、加拿大、智利、哥伦比亚、印度、印尼、科威特、俄罗斯、乌克兰、委内瑞拉),24 个国家列入"观察名单"(巴巴多斯、玻利维亚、巴西、哥斯达黎加、多明尼加共和国、厄瓜多尔、埃及、希腊、危地马拉、牙买加、黎巴嫩、墨西哥、巴基斯坦、秘鲁、罗马尼亚、沙特阿拉伯、瑞士、塔吉克斯坦、泰国、土耳其、土库曼斯坦、阿联酋、乌兹别克斯坦、越南)
2018 年 5 月 23 日	美国商务部启动了特朗普任期内针对进口汽车和零部件的第三次 232 调查
2018 年 5 月 29 日	美国白宫官网发表声明,根据《1974 年贸易法》第 301 条款,美国将对从中国进口的包括高科技产品在内的总值 500 亿美元的产品征收 25% 的关税,其中包括与"中国制造 2025"计划相关的产品
2018 年 6 月 15 日	特朗普批准对大约 500 亿美元的中国进口商品加征 25% 关税。随后,美国贸易代表办公室发布了两份对中国进口产品适用 301 条款调查特别关税的征收清单
2018 年 6 月 18 日	特朗普发表声明"今天我指示美国贸易代表对价值 2000 亿美元的中国商品加征 10% 的额外关税。在履行完法律程序后,如果中国拒绝改变其做法,并且如果中国坚持推进其最近宣布的新关税,那么加征的关税将生效。如果中国再次增加关税,我们将对另外 2000 亿美元的商品加征关税"
2018 年 6 月 19 日	美国白宫贸易和制造业政策办公室发布《中国的经济侵略如何威胁美国和世界的技术与知识产权》的报告
2018 年 7 月 6 日	美国公布对中国 340 亿美元商品加征 25% 进口关税清单,并对第一批清单上 818 个类别、价值 340 亿美元的中国商品加征 25% 的进口关税;同日,美国贸易代表办公室发布 301 产品排除规则

（续表）

时　间	措　施
2018 年 7 月 10 日	美国贸易代表办公室发表声明,特朗普政府发布了针对中国 2000 亿美元商品加增关税的计划,目标产品清单涉及服装、电视零件和冰箱,加征的关税约为 10％
2018 年 7 月 16 日	美国贸易代表办公室在世界贸易组织(WTO)分别对加拿大、中国、欧盟、墨西哥和土耳其提起诉讼,挑战每个世界贸易组织成员国为应对特朗普总统旨在保护美国国家安全利益的铝和钢铁贸易行动而征收的关税
2018 年 7 月 20 日	特朗普在美国全国广播公司播出的专访中,扬言已经做好准备对中国出口美国的所有 5000 亿美元商品征税
2018 年 7 月 31 日	美国贸易代表办公室声明,特朗普政府计划将价值 2000 亿美元的中国进口商品的关税从 10％上调至 25％
2018 年 8 月 8 日	美国贸易代表办公室正式公布对 160 亿美元中国商品加征 25％关税清单
2018 年 8 月 23 日	美国正式对中国 160 亿美元商品加征 25％关税,该轮征税产品包括半导体、电子产品、塑料、化学产品、铁路机械、电单车、涡轮机、农用拖拉机、工具机、摩托车,甚至还有钢、铝等相关产品
2018 年 9 月 7 日	特朗普在接受采访时表示,他准备对另外 2670 亿美元的中国商品加征关税
2018 年 9 月 17 日	特朗普发布声明,指示美国贸易代表办公室继续对自中国进口的大约 2000 亿美元商品征收额外关税
2018 年 11 月 19 日	美国商务部产业安全局(BIS)出台了一份针对关键技术和相关产品的出口管制框架,同时将开始对这些新兴技术的出口管制面向公众征询意见
2018 年 12 月 11 日	特朗普表示,如果引渡华为公司首席财务官孟晚舟有助于美国对华贸易谈判,那么他会对案件进行干预
2019 年 2 月 17 日	美国商务部向白宫提交针对进口汽车和零部件的《232 条款国家安全报告》
2019 年 5 月 5 日	在中美贸易谈判期间,特朗普总统在其推特上表示,美国将于 2019 年 5 月 10 日将对从中国进口的 2000 亿美元商品征收的 10％的关税提高到 25％

（续表）

时　间	措　施
2019 年 5 月 15 日	美国商务部宣布将华为及旗下 70 余家公司列入"实体名单"，不仅禁止所有美国企业采购华为产品，还禁止美国企业对华为销售任何产品
2019 年 8 月 1 日	特朗普发推特称，"美国将于 9 月 1 日开始，对剩余的 3000 亿美元来自中国的商品和产品加征 10% 的关税。这不包括已经征收 25% 进口关税的 2500 亿美元中国商品。"
2019 年 8 月 5 日	美国财政部正式将中国列为汇率操纵国
2019 年 8 月 13 日	美国商务部工业与安全局（BIS）修改了"出口管制条例"（EAR），在实体清单中增加了 19 个条目，其中，包括 4 个中国企业（中广核集团及其关联公司）
2019 年 8 月 19 日	美国商务部工业和安全局新增 46 家华为子公司进入实体清单
2019 年 8 月 24 日	美国总统特朗普发推文宣布从 10 月 1 日起，目前按 25% 税率加征关税的 2500 亿美元中国输美商品的加征税率上调至 30%。之前从 9 月 1 日起按 10% 税率加征税的 3000 亿美元中国输美商品的加征税率上调至 15%。同时，特朗普还向美国企业施压要求撤出中国
2019 年 9 月 1 日	美国对中国约 1250 亿美元中国输美商品加征 15% 关税开始生效。
2019 年 9 月 26 日	美国国际贸易委员会（ITC）决定对半导体设备及其下游产品发起两起 337 调查，中国 TCL 集团、海信集团、联想集团和深圳万普拉斯科技有限公司（One Plus）等企业涉案，是今年以来美国对我国企业发起的第 14 次"337 调查"
2019 年 10 月 7 日	美国商务部宣布将包括 8 家中国科技企业在内的 28 个实体纳入出口管制实体清单。制裁名单中有新疆维吾尔自治区人民政府公安厅、公安厅下属 19 个机构（18 个市、区公安局及 1 个研究所）、8 个制造视频监控、人脸或声音识别系统的商业机构（包括大华科技、海康威视、科大讯飞、旷视科技、商汤科技、厦门市美亚柏科信息股份有限公司、依图科技和颐信科技有限公司）。

（续表）

时　间	措　施
2019 年 11 月 5 日	美国政府正式通知联合国,要求退出应对全球气候变化的《巴黎协定》。
2019 年 10 月 7 日	中美第一阶段经贸协议达成,文本包括序言、知识产权、技术转让、食品和农产品、金融服务、汇率和透明度、扩大贸易、双边评估和终端解决、最终条款九个章节。同时,双方达成一致,美方将履行分阶段取消对华产品加征关税的相关承诺,实现加征关税由升到降的转变。美国贸易代表办公室 USTR 宣布拟将对约 1200 亿美元中国商品加征的关税下调至 7.5%,保持对约 2500 亿美元中国商品加征的 25%关税。
2020 年 1 月 14 日	美国财政部发表半年度汇率政策报告,取消去年 8 月对中国"汇率操纵国"的认定
2020 年 1 月 15 日	中共中央政治局委员、国务院副总理、中美全面经济对话中方牵头人刘鹤同美国总统特朗普代表中美双方在美国华盛顿白宫东厅签署中美第一阶段经贸协议,即《中华人民共和国政府和美利坚合众国政府经济贸易协议》。

Index history, trend = 100

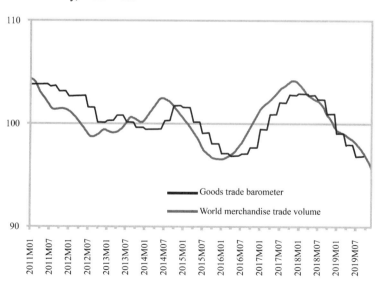

图 194　世界贸易组织的货物贸易晴雨表

美国政府单方面挑起了国际经贸摩擦,严重破坏国际贸易秩序的结果便是,中国和美国原先是全球范围内唯一一对互为最大贸易伙伴的国家均受到了损害。在历史上的经贸往来中,中美双方的优势互补、互惠互利,共同推动了自身乃至全球的经济结构调整和产业发展。美国的单边主义行为方式,给全球经济的发展蒙上了阴影。2020 年第 1 期世界贸易组织发布的"货物贸易晴雨表"(WTO Goods Trade Barometer)(即原先的"世界贸易景气指数",WTOI)显示,2020 年最新的 WTO 货物贸易晴雨表读数为 95.5,低于去年11 月的 96.6,并且远低于该指数的基准值 100。整体来看,一季度全球商品贸易增长仍将呈疲弱之势,考虑到全球公共卫生问题短期内无法彻底解决,这种下滑态势大概率会进一步走弱。2020 年世界贸易组织(WTO)最新贸易统计展望报告显示,全球新冠肺炎疫情发展将可能导致 2020 年商品贸易跌落 13%到 32%。全球贸易总量下跌有可能超过 2008—2009 年全球金融危机所带来的贸易下滑幅度。即使在疫情爆发之前,全球贸易在 2019 年已经放缓—由于贸易压力和经济增长率放慢,全球商品贸易总量在 2019 年已经下跌 0.1%(2018 年为上升 2.9%)。其中,全球商品出口总量美元计价为 18.89 万亿美元,下跌 3%,尤其是在电子产品和汽车产业等价值链复杂的领域,贸易量下跌幅度更为明显。

(三) 国际市场终端需求疲软

近年来,全球贸易增速与投资的变化趋势密切相关,企业在高度不确定性的情况下推迟了投资,导致 2019 年以来,美国、欧盟和日本三大经济体的制造业采购经理人指数总体进入了萎缩区间。2020 年 3 月,美国供应管理协会(ISM)的制造业采购经理指数

(PMI)报 46.6(其中就业指数报 43.8),创特朗普当选美国总统以来的最低水平,进入萎缩区间。从欧元区来看,自 2019 年以来制造业采购经理指数一直处于下行趋势,欧元区最大的经济体德国自 2019 年以来,制造业 PMI 始终处于荣枯线以下。同时,西班牙、意大利、英国等欧元区国家在新冠疫情的冲击下面临经济、贸易、民生等方面的诸多不确定性因素。日本自 2019 年 5 月以来,制造业采购经理指数(PMI)一直位处荣枯线之下。截止 2020 年 3 月,日本 PMI 指数报 44.8,达到 10 年来最低水平。

在全球最终需求疲软的背景下,同其他地区的中国企业一样,上海的产业发展也面临着全球消费疲软带来的压力。

总体上看,各大经济体的诸多不确定的政策因素,或将进一步导致全球经济增长的放缓。全球经济的趋势性下降态势,在未来的一段时期内可能会延续,发达经济体的增长速度有可能会进一步放缓,新兴经济体增长速度亦或大概率下降,国际政策的变化对于各经济体的产业经济发展的影响或进一步增大。从上海当前产业结构及贸易特征来看,国际化程度不断提高,意味着上海产业的

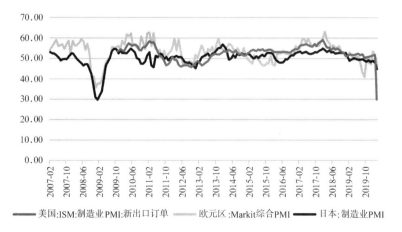

图 195　2007 年以来主要发达经济体 PMI 指数走向

增速提质的过程中,需要更好地进一步关注相关国际风险要素,做好外部风险防范。

二、全球贸易视角下的风险应对

在过去的几十年内,经济的全球化、贸易的自由化和产业的国际分工同步发展。在全球贸易的视角下,要实现上海产业的高质量发展,需要从关键环节入手,深化供给侧结构性改革,在开放合作中形成打造更具竞争力的价值链、供应链和产业链。

(一) 合理利用技术性贸易措施,推动价值链升级

伴随着经济全球化、贸易便利化的纵深发展,上海与各国间产品和生产要素相互交流不断加深,在世界范围内产业结构的调整中形成与各国家(地区)间的交互网络。在全球经济下行压力增大、贸易保护主义蔓延的态势下,在跨国企业的"技术专利化、专利标准化、标准国际化"通行做法面前,建议深入研究各国(地区)尤其是发达国家(地区)制定和实施技术性贸易措施的产业背景,在引导企业有效应对的同时,合理利用、充分发挥发挥技术性贸易措施的正向作用,推动产业提质升级和新旧动能转换,推动科学技术创新、行业标准制定、国际贸易发展的有机联动,服务高质量发展。

(二) 重点围绕战略性新兴产业,保障供应链安全

近十年来,随着全球化的不断深入,各国(地区)间的贸易联系

日益频繁,全球范围内的高新技术产业已逐渐形成彼此连接相互交织的复杂网络。建议重点围绕战略性新兴产业,集中突破制约科技研发、高端制造的生命科学仪器半导体装备、生物反应器等"卡脖子"环节,以政策创新集聚先进要素和创新要素,从根本和源头上解决关键环节"受制于人"的发展窘境,保障高质量要素、中间品以及关键零部件和核心技术的供应链安全。

(三) 加强"一带一路"国际合作,促进产业链发展

国际贸易的发展,带动了产业经济中的产品、技术、服务、资金和人才的要素配置和流动。在全球贸易和经济发展面临诸多不确定性因素、新兴市场规模扩大以背景下,在高标准、高水平的便利化与自由化成为趋势的时代中,在全球要素分工体系重构、生产网络演变的态势前,建议进一步加强与"一带一路"沿线国家(地区)的贸易合作,着眼对全球生产要素影响最为凸出的领域,瞄准辐射面广、影响力大、带动性强的产业环节加以布局,促进形成"一带一路"大联通的要素市场、服务市场、资本市场、技术市场等,在服务全国、服务"一带一路"建设的过程中驱动产业链发展。

参考文献

1. The World Trade Organizaion and other organizations. Global Value Chain Development Report 2019[R] Joint research.

2. The World Trade Organizaion. World Trade Statistical Review 2018[R] WTO Working paper.

3. BECK T. Financial development and international trade：is there a link? [J]Journal of International Economics，2002(57：107—131).

4. HUR J，RAJ M，RIYANTO E. Finance and trade：A cross-country empirical analysis on the impact of financial development and asset tangibility on international trade [J]. World Development，2004(10)：1728—1741.

5. Miaojie Yu. Trade Openness and China's Economic Development [M]. Taylor and Francis，2019.

6. 对外经济贸易大学、联合国工业发展组织. 全球价值链与工业发展：来自中国、东南亚和南亚的经验[M]. 社会科学文献出版社，2019.

7. 李孟刚. 产业安全预警研究[M]. 北京交通大学出版社，2016.

8. 王岚. 全球价值链嵌入与贸易利益：基于中国的实证分析[J]. 财经研究，2019，45(7)：71—83.

9. 张守富. 经济全球化背景下贸易自由化对发展中国家产业的影响[J]. 福建质量管理，2018，(16)：37.

10. 杨平.逆全球化、资本主义的历史逻辑及未来趋势[J].文化纵横,2019,(4):28—38.

11. 徐增文.国家经济安全视域下中国特色经济全球化实践分析[J].经济研究导刊,2019,(21):1—2.

12. 王俊永.反全球化形势下的国际贸易战略探究[J].理财(经论),2019,(8):64—65.

13. 田泽涵.经济全球化对国际经济贸易的影响及对策研究[J].文存阅刊,2019,(18):208.

14. 丁杰.经济全球化背景下我国农产品国际贸易的发展之路[J].农业经济,2019,(3):122—124.

15. 张国红.经济全球化对国际贸易理论发展的影响评述[J].海关与经贸研究,2017,(6):38—43.

16. 曹婷婷.经济全球化下我国国际贸易创新战略分析[J].环球市场,2018,000(011):7—8.

17. 丛硕.全球化背景下国际经济与贸易的发展趋势[J].数码世界,2017,(10):287—290.

18. 张建华.“全球化变局:国际贸易新形势、新挑战与新对策”论坛综述[J].国际商务研究,2017,(6):38.

19. 宋彦.全球化背景下国际贸易风险研究[J].中国集体经济,2016,(16):0.

20. 林航,谢志忠.全球化视角下国际贸易理论的历史演进[J].华侨大学学报:哲学社会科学版,2016,(6):0.

21. 林航,谢志忠.全球化视角下国际贸易理论的历史演进[J].华侨大学学报(哲学社会科学版),2016,(6):25—34.

22. 宋彦.全球化背景下国际贸易风险研究[J].中国集体经济,2016,(16):28—29.

23. 孙亚君.全球价值链视角下国际贸易摩擦对我国的影响研究[J].商业经济研究,2019,(4):142—145.

24. 衷振华.全球化退潮背景下国际贸易发展前瞻[J].商业经济研究，2018,(19):118—121.

致　谢

　　感谢上海市商务委员会对本中心的指导与支持,特别感谢上海市商务委员会申卫华副主任、公平贸易处孙嘉荣处长、曹茵副处长和丁秀峰同志给予的指导和支持。

　　感谢上海 WTO 事务咨询中心、上海市化工行业协会、上海电机行业协会、上海市集成电路行业协会、上海市通信制造行业协会、上海船舶工业行业协会、上海船东协会、上海市模具行业协会、上海市浦东新区生物产业行业协会、上海市软件行业协会、上海市会展行业协会、上海市生物医药行业协会、上海市新材料协会等机构给予的宝贵意见和建议。

　　上海三联书店的编辑为本书的顺利出版付出了辛勤劳动。在此,对所有参与和支持该书编写工作的同志们表示衷心的感谢!

上海产业安全监测与预警研究中心
2019 年 9 月

上海产业安全监测与预警研究中心简介

    2015 年以来,上海市根据国务院《全面深化中国(上海)自由贸易试验区改革开放方案》和《加快实施自由贸易区战略的若干意见》要求,启动了有关产业安全保障与促进体系建设的试点工作。为此,上海市商务委员会和中国科学院上海生命科学研究院,依托其下属的产业与技术情报研究中心,组建了"上海产业安全监测与预警研究中心"。该中心作为第三方智库,针对贸易环境变化对产业安全带来的影响,构建科学严谨、开放合作、协作通畅的预警研究与竞争力服务体系,搭建了上海公平贸易服务网、产业安全预警平台等线上线下互动的服务网络,为行业、企业提供及时、准确、有效的产业安全风险预判和竞争力提升服务。

    2018 年以来,美国加紧对华贸易政策的调整,加大贸易政策的执行力度,以 232、301 单边措施,出口管制等为代表的贸易政策对我国产业发展及相关国际合作带来了较大的挑战。"上海产业安全监测与预警研究中心"作为上海第三方智库,积极跟踪国内外贸易政策进展,整合了全球贸易数据、国内外宏观统计数据、国内行业企业动态等多方素材,针对上述措施对我国及上海国际贸易及相关产业的影响开展了一系列动态评估和风险预判,重点围绕

"美301征税对上海产业影响的动态评估"、"新形势下的上海产业安全的系统风险分析"、"全球经贸规则重塑背景下上海高技术产业发展"等主题撰写十余篇动态评估专报,其中三篇被列入上海市政府内参,为上海市政府相关决策提供支撑。

图书在版编目（CIP）数据

全球贸易视角下的上海产业发展与风险防范/陈大明，

马征远主编.—上海:上海三联书店,2020.6

ISBN 978-7-5426-7061-8

Ⅰ.①全… Ⅱ.①陈…②马… Ⅲ.①区域经济发展—

产业发展—研究—上海②区域经济—产业经济—风险

管理—研究—上海 Ⅳ.①F269.275.1

中国版本图书馆 CIP 数据核字(2020)第 092295 号

全球贸易视角下的上海产业发展与风险防范

主　　编　陈大明　马征远

责任编辑　钱震华

装帧设计　陈益平

出版发行　上海三联书店
　　　　　中国上海市漕溪北路 331 号

印　　刷　上海昌鑫龙印务有限公司

版　　次　2020 年 8 月第 1 版

印　　次　2020 年 8 月第 1 次印刷

开　　本　700×1000　1/16

字　　数　150 千字

印　　张　12.5

书　　号　ISBN 978-7-5426-7061-8/F・807

定　　价　68.00 元